D0659509

LA COMMUNICATION DE CRISE

Thierry Libaert

LA COMMUNICATION DE CRISE

3e édition

DUNOD

Sommaire

Chapitre 3
Les stratégies de communication de crise

Chapitre 4
Les relations avec les médias

Chapitre 5
Tendances actuelles

Avant-propos

Les phénomènes de crise semblent s'accélérer et s'amplifier. Qu'elles soient industrielles, financières, institutionnelles ou politiques, les organisations connaissent une accélération constante des phénomènes de crise. Depuis l'affaire Perrier au début des années 90 jusqu'aux problèmes liés à l'alimentation (Coca-Cola, listeria, filière bovine...), aux accidents comme celui du tunnel du Mont-Blanc, du Concorde ou d'Aéroports de Paris, aux allégations de corruption, ou à la fraude financière (affaire Kerviel), aux attaques environnementales (Areva, Total, Prestige, BP...), aux dysfonctionnements étatiques (sang contaminé, amiante, canicule...), la crise apparaît à l'improviste et aucune organisation ne semble être à l'abri.

La crise représente un danger et peut conduire à la disparition de l'organisation concernée. Elle est, toutefois, un révélateur de dysfonctionnements larvés, un élément de réponse à un blocage ou à une inadaptation technique, économique ou sociale, un accélérateur de restructurations devenues inéluctables. Elle peut, en outre, représenter une opportunité positive de développement par la remise à plat d'un mode de fonctionnement inadapté.

La crise est multiforme. Elle concerne les domaines technologiques, sociaux, réglementaires, financiers, commerciaux ou écologiques, mais s'appréhende d'abord sous l'angle de la communication. Celle-ci apparaît omniprésente et la presse construit autant l'événement qu'elle l'amplifie. Au cœur du dispositif de gestion de crise, la communication est l'élément déterminant qui permet, selon sa plus ou moins bonne maîtrise, de surmonter la crise.

Résolument orienté dans une perspective pragmatique, l'ouvrage présentera les caractéristiques majeures de toute crise, l'organisation de gestion des crises, la typologie des messages et des crises, le rôle particulier des médias et les tendances et enjeux actuels, notamment au travers du rôle d'Internet et des réseaux sociaux, de la place des rumeurs, de la réaction du consommateur ou du citoyen. L'ensemble de ces étapes permettra de conclure sur la place particulière de la communication dans le déroulement de la crise, sur ses aspects paradoxaux, et sur les conflits qu'elle génère.

Chapitre 1

*

Les caractéristiques de la crise
(5)

I. DÉFINITION

*
La crise est la phase ultime d'une suite de dysfonctionnements mettant en péril la réputation et la stabilité d'une entreprise.

1. L'évolution de la définition

Dans une précédente édition de cet ouvrage (2001), nous avions repris la définition de la crise proposée par Otto Lerbinger « un événement inattendu mettant en péril la réputation et le fonctionnement d'une organisation ».

- Deux termes nous semblaient alors déterminants. D'abord l'effet de surprise qu'engendre la crise, ensuite l'accent mis sur la réputation et donc l'entrée sur la scène médiatique de l'organisation concernée. Ainsi, nous suggérions que la réalité de l'événement s'efface devant la perception et les diverses représentations des parties prenantes.

- Cette définition doit aujourd'hui évoluer sous deux aspects. La crise est de plus en plus souvent anticipée et les retours d'expériences postérieures aux crises indiquent majoritairement que la crise avait été prévue. Même une situation aussi grave que les attentats du 11 septembre 2001 aux États-Unis avaient fait l'objet de procédures d'alerte préalable. En outre, à la suite des travaux de Shrivastava : « Les crises ne sont pas des événements mais des processus qui se développent dans le temps et l'espace » et de Roux-Dufort, la crise apparaît de moins en moins comme un événement isolé, mais plutôt sous l'angle de la résultante d'une série de dysfonctionnements. Cela n'empêche pas l'introduction de l'aléa, les crises apparaissent toujours plus protéiformes et mutantes et, à l'image de l'effet papillon, parfois totalement imprévisibles. L'entreprise doit donc se préparer à affronter également des crises en dehors des hypothèses lui semblant techniquement réalistes pour se projeter dans un univers de hasard et d'incertitude. Nous proposons page 31 plusieurs définitions de la crise.

2. Caractéristiques de la crise

• L'intrusion de nouveaux acteurs

Des interlocuteurs nouveaux apparaissent, s'expriment sur le sujet, exigent des explications. Il peut s'agir des pouvoirs publics, des élus, d'organismes consulaires, de représentants du monde associatif, tous s'expriment avec une vision définitive et la perception que la crise est un moment incontournable dans le renforcement d'une légitimité.

• La saturation des capacités de communication

L'ensemble des canaux de communication de l'organisation en crise s'engorge progressivement devant l'afflux des demandes d'informations. L'ensemble des salariés demande des explications alors qu'à l'extérieur les interlocuteurs de l'entreprise, la presse notamment, souhaitent obtenir prioritairement les renseignements. 500 journalistes furent présents pour couvrir l'accident nucléaire de Three Mile Island aux États-Unis, le 28 mars 1979, 1 000 pour l'attentat de Lockerbie en Écosse le 21 décembre 1988 et jusqu'à 1 500 à la suite de l'explosion de la navette Challenger le 28 janvier 1986. Au lendemain de l'effondrement du terminal 2 E à Roissy qui fit quatre morts, le service de presse d'Aéroports de Paris (ADP) reçut dans la matinée du 24 mai 2004 plus de 120 demandes d'interviews.

Fin janvier 2008, 2 000 journalistes suivirent l'affaire Kerviel (fraude à la Société Générale), 20 000 unes de journaux furent consacrées à cette affaire le 25 janvier 2008, date de la divulgation de la fraude de 4,9 milliards d'euros.

Lors de la crise du verglas, en janvier 1998, qui a entraîné l'effondrement du réseau électrique au Québec, 5 600 articles ont décrit l'ampleur des pannes (contre une vingtaine en temps normal) ; 3 900 interviews avec des porte-parole d'Hydro-Québec, l'entreprise électrique de l'État, ont été décomptées. 2 200 articles ont abordé plus en détail la destruction ou la reconstruction du réseau électrique. 725 photos ont illustré l'ensemble de ces articles.

• L'importance des enjeux

Qu'il s'agisse de l'impact sur le chiffre d'affaires, sur le cours de l'action, sur la défiance envers l'entreprise et ses produits, sur la motivation des salariés, la crise place l'entreprise dans une situation de tension pouvant avoisiner la catastrophe. Cela distingue la crise de l'accident grave ; en crise, la survie même de l'organisation est en jeu.

> Créé en 1918, référence des *big five*, c'est-à-dire des cinq plus importants cabinets d'audits et de conseils, régulièrement cité dans les entreprises les plus réputées, et particulièrement auprès des jeunes diplômés, Arthur Andersen n'a pas survécu à la révélation le 10 janvier 2002 de la destruction de documents relatifs à Enron par des salariés de l'agence de Houston. Un arrêt de la Cour Suprême des États-Unis prononcé à l'unanimité le 31 mai 2005 a ensuite levé les charges contre le cabinet d'audit, mais il était trop tard.

• L'accélération du temps

L'explosion d'une unité de production de la raffinerie Total, située sur l'étang de Berre, se produit le lundi 9 novembre 1992 à 5 h 20. À 6 heures, les radios diffusent l'information, à 7 heures, les premières images apparaissent sur TF1. Trois heures après l'événement, trois ministres auront été interviewés (Énergie, Industrie, Environnement), de nombreux politiques se seront exprimés, sans compter les nombreuses interventions des riverains et des représentants de la sécurité civile.

La pression temporelle s'accroît et place l'entreprise en état d'urgence. Elle est sommée de fournir immédiatement ses explications sur les causes et conséquences de l'événement.

• La montée des incertitudes

La crise marque une rupture avec le fonctionnement habituel car elle place l'entreprise dans une zone où la prise de décision s'effectue dans un domaine d'incertitudes fortes. Qu'il s'agisse de l'origine de la crise, des responsabilités, des enjeux ou de l'impact externe, l'imprécision gouverne. Plusieurs années après l'explosion de l'usine AZF de Toulouse, le 21 septembre 2001, qui fit 30 morts, et malgré un long procès en 2009, les origines de la catastrophe apparaissent toujours inexpliquées. Les impacts sur la mortalité des abeilles des produits Régent et Gaucho fabriqués par les firmes BASF et Bayer font l'objet depuis plusieurs années de nombreuses controverses. À l'automne 2009, les conséquences de l'expansion du virus A/H1 N1 apparaissent imprévisibles pour la plupart des spécialistes. Si beaucoup d'entre eux s'accordaient sur la gravité potentielle du virus, d'autres considérèrent que la réponse des pouvoirs publics était trop importante comparativement à la gravité de la menace réelle. C'est dans cet environnement flou et rapidement évolutif que l'entreprise doit communiquer.

La communication de crise n'est pas une science exacte. Elle date du début du XIXe siècle. Ivy Lee est considéré comme le fondateur de la communication de crise. Il a notamment travaillé sur la conduite à tenir en cas d'accident ferroviaire aux États-Unis. À une époque de forte censure et de pressions multiples, il se prononça pour une communication ouverte et transparente, présentée en 1906 dans une « déclaration de principes » largement distribuée aux médias américains.

En France, Gérard Lagneau (1993), considère que la communication de crise est réellement apparue en 1968 lors de l'OPA de BSN sur Saint-Gobain. À la suite d'une vaste campagne publicitaire orchestrée par Publicis et basée sur de nombreuses opérations de relations avec la presse et de visites d'entreprises, le groupe Saint-Gobain réussit à conserver le soutien de ses actionnaires et plus généralement de l'opinion publique. Depuis, son étude reste encore embryonnaire malgré de nombreuses avancées, et notamment l'apport français de Patrick Lagadec.

C'est ainsi qu'une question aussi majeure que la tonalité de la communication reste sans réponse. Deux écoles s'opposent : celle des rationalistes (école technicienne) affirme qu'en période de crise, il y a nécessité de communication sur des faits précis : dates, quantité, volume... À l'inverse l'école symboliste (école communicante) appelle à une communication visuelle basée sur des valeurs, des images, de l'affect et de l'émotionnel. Aucune réponse ne semble l'emporter même si la tendance actuelle privilégie le type de crise et le mécanisme qu'il génère : la stupeur, l'inquiétude, la crainte, la peur, l'effroi. Les arguments rationalistes apparaissent plus adaptés à une crise générant l'inquiétude, dans cette hypothèse l'apport d'informations précises, factuelles, serait suffisant. À l'inverse, lors de crises impliquant des phénomènes de peurs, une communication visuelle, humaine apparaît plus efficace. On estime également que les premières heures de la crise seraient davantage situées dans un registre de l'émotion alors que la période suivante serait plutôt propice à un discours rationnel.

De même, il n'existe pas de modèle général de réussite. Une méthode de communication ayant parfaitement réussi à surmonter une crise au sein d'une entreprise, peut échouer rapidement dans une autre organisation pourtant confrontée au même enjeu. Il est d'ailleurs caractéristique de constater, au sein d'une même entité, des cycles de réussites et d'échecs.

> Elf Aquitaine a parfaitement géré la communication dans l'affaire des avions renifleurs après sa révélation par *Le Canard Enchaîné* le 22 juin 1983, alors que l'entreprise reste empêtrée depuis de nombreuses années par celle des frégates de Taiwan.

> EDF a parfaitement géré la crise de l'hiver 99 lors de l'effondrement du réseau électrique. Elle a eu, dans le même temps, de sérieuses difficultés avec l'inondation de certaines installations de la centrale nucléaire du Blayais.

> Après avoir remarquablement communiqué durant la grève des pilotes à quelques semaines de la coupe du monde de football, Air France a semblé hésiter dans sa communication après avoir refusé le 9 juillet 1998 l'embarquement d'un adulte trisomique.

La crise engendre un phénomène paradoxal qui repose sur un maelström d'incertitudes croissantes, une impossibilité technique de réponses univoques et une demande publique d'explication claire, simple, unique. Plus la crise apparaît complexe, plus le besoin de se raccrocher à une réponse indiscutable s'accroît.

> Le 3 décembre 1984, un journaliste appelle le siège d'Union Carbide aux États-Unis, à la suite de l'explosion d'une usine chimique à Bhopal en Inde. Au début de l'entretien le bilan est de 30-35 victimes, il est de 200 à 300 personnes une demi-heure plus tard.

> Les premières dépêches annonçant le tsunami qui s'est produit le 26 décembre 2004 en Asie du Sud-Est faisaient état de 300 morts. Le bilan sera ensuite porté à 295 000 morts.

II. LA CRISE DANS LA COMMUNICATION D'ENTREPRISE

1. Une branche de la communication globale

La communication de crise est une branche de la communication d'entreprise. Une organisation qui ne posséderait pas une réelle stratégie de communication globale aurait peu de chances d'avoir une communication de crise efficace. Celle-ci repose sur un socle de messages, valeurs, cibles... totalement dépendant du dispositif de communication d'entreprise.

Reposant sur une stratégie institutionnelle, la communication de crise concerne toutefois la plupart des aspects de la communication d'entreprise. Elle s'appliquera à la communication institutionnelle au travers de l'atteinte à l'image globale, à la communication produit en raison de la défiance envers certaines marques, à la communication financière puisque le cours de l'action sera impacté, à la communication interne, parfois à la communication environnementale, souvent à la communication d'influence et au *lobbying*. La communication de crise doit s'appréhender comme une discipline non autonome et transverse.

2. Les conséquences de l'intégration

Cette intégration entraîne quatre conséquences.

La qualité de l'image institutionnelle est un paramètre déterminant dans la gestion des crises. Une entreprise possédant une bonne image globale a davantage de chances de surmonter une crise. La qualité de l'image de Coca-Cola lui a permis de traverser sans trop de séquelles la crise liée à la présence de dioxine dans certaines de ses canettes (juin 1999) malgré une communication de crise fortement contestée.

Une analogie avec le domaine sportif est intéressante. En finale de la coupe du monde de football en juillet 2006, Zinedine Zidane perd son sang-froid et assène un coup de boule à un joueur italien. L'équipe de France terminera le match avec dix joueurs et perdra la finale. Alors que sa responsabilité était clairement engagée et malgré des explications alambiquées « je demande pardon mais je ne regrette pas mon geste », le joueur français traversera cette crise sans écorner son image. On peut estimer que tout autre joueur aurait été médiatiquement lynché.

Toutefois, dans l'hypothèse où l'entreprise apparaîtrait clairement responsable, la chute d'image peut être d'autant plus brutale qu'elle traduirait une déception. L'annonce non contrôlée d'une restructuration de la branche biscuits du groupe Danone (janvier 2001) a ainsi fait chuter de 50 points l'image de Danone. Construite sur une image d'entreprise citoyenne et de vitrine sociale, elle apparaît soudainement dans la nébuleuse de la mondialisation et de ses impératifs financiers. Dans toutes les hypothèses, une entreprise héritant d'une image de pollueur notoire aura plus de difficultés à dépasser une crise environnementale qu'une entreprise réputée propre.

La communication de crise doit fixer ses objectifs selon les enjeux de la communication globale. Une gestion de crise peut apparaître négative pour l'opinion publique, elle peut néanmoins être assimilée à une réussite en fonction de l'objectif central de la communication d'entreprise. L'affaire de la marée noire engendrée par le naufrage de l'Erika sur les côtes de Bretagne (12 décembre 1999) peut apparaître comme un échec du point de vue de la communication grand public ; elle représente un succès selon celui de la communauté financière internationale. Après la crise financière des années 90, le Crédit Lyonnais dut faire face à une image déplorable auprès du grand public, mais ses clients lui restèrent fidèles.

> L'annonce faite en février 2000 par le groupe Axa de doubler le montant des cotisations d'assurance vie des enfants handicapés a pu apparaître comme une décision inacceptable. Ce sentiment fut amplifié par les premières déclarations sur l'impératif de rentabilité du premier assureur français. L'image globale s'effondra alors de 32 % alors que le cours de l'action prenait plus de onze points.

La communication de crise a une efficacité limitée. Face à certains événements majeurs, lorsque l'intensité de la crise est très élevée, la communication ne peut que réduire certaines tensions, rarement surmonter l'événement. Confronté à des catastrophes de l'ampleur de Bhopal ou de Tchernobyl (26 avril 1986), il est difficile d'imaginer une communication réellement opérationnelle.

La communication de crise connaît une dérive dans sa représentation littéraire en raison des intérêts professionnels de certains acteurs. De nombreux cas présentés dans les écrits sur la gestion des crises le sont dans une perspective commerciale de notoriété et d'image des responsables de cette gestion, fréquemment une agence de conseil externe. Le résultat s'apparente alors à une succession de *success stories* au sein de laquelle l'analyse des aspects négatifs est fréquemment occultée. Le lieu d'émission de toute communication est toujours à appréhender pour mieux en maîtriser la crédibilité.

> ### L'opinion publique et les crises
>
> Depuis le mois d'octobre 1999, l'institut Ipsos publie un baromètre d'image des entreprises françaises. Celui-ci permet d'évaluer l'impact des phénomènes de crise sur le grand public.
>
> Ainsi en mars 2000, l'image d'Axa passe de 41 % de "bonne image" à 9 %. Axa, après avoir voulu doubler les cotisations des parents d'enfants handicapés se retrouve à la 28ᵉ place du classement, juste devant le Crédit Lyonnais et Total Fina Elf. Les trois derniers du classement sont ainsi trois entreprises ayant été confrontées à une crise grave.
>
> L'édition de février 2001 confirme la brutalité et la versatilité de l'opinion. L'annonce non maîtrisée d'une restructuration de la branche biscuits de Danone entraîne une chute de 50 % du pourcentage de "bonne opinion" qui passe de 72 à 22 %. En avril, après la confirmation officielle de la restructuration et les appels au boycott, l'entreprise chute à nouveau. En l'espace de quelques mois, le groupe Danone est ainsi passé de la quatrième (décembre 2000) à la dernière place du classement, pour remonter ensuite progressivement (16ᵉ place en mai 2003).
>
> Selon l'édition de mars 2010, les cinq entreprises de bas de classement ont toutes connu de fortes crises : Vivendi, SNCF, Société Générale, France Télécom, et Total ferme le palmarès à la 30ᵉ et dernière place en terme d'indice d'image.

III. LE DÉROULEMENT DES CRISES

Suivant les analyses de B. Robert et D. Verpeaux (1991), il est habituel de considérer le déroulement de la crise en quatre temps.

● La phase préliminaire

C'est celle où les premiers signaux d'alerte peuvent apparaître. Ces clignotants qui s'allument peuvent provenir des premières fumées suspectes qui apparaissent, des premières plaintes de certains consommateurs, d'un accident comparable intervenu chez un concurrent... Une information anodine, par le simple effet de répétition (France Info, LCI) peut se transformer en crise. Les journalistes peuvent aussi s'auto-alimenter. Un article isolé peut devenir le prétexte à un traitement accusatoire par un autre média.

La controverse émergée en février 2001 sur une teneur excessive en sel dans certains aliments semble n'avoir eu pour origine que l'observation médiatique d'un thème « vendeur » aux États-Unis. C'est fréquemment à ce stade que tout se joue : si l'entreprise est parvenue à mettre en place un réel dispositif de veille stratégique et de détection des signaux faibles, elle est davantage à même de se préparer, voire de juguler la crise avant même son émergence. Cela suppose une remise en cause permanente et la capacité de questionner toutes les activités de l'entreprise, ce que confirme clairement P. Lagadec : « Il faut avoir le courage de poser des questions, surtout si on n'a pas les réponses, et encore plus s'il s'agit de questions taboues, parce que les crises de demain, c'est souvent le refus des questions d'aujourd'hui. »

◉ La phase aiguë

L'événement survient et la crise éclate. La montée en intensité est souvent très rapide dans le cas d'un accident technologique (*crash* d'un avion, échouage d'un pétrolier), d'un rappel de produit (Mercedes classe A, Coca-Cola...), de la sortie d'un rapport ou d'un livre accusateur comme celui d'Edwin Black, *IBM et l'holocauste*, mettant en cause l'entreprise informatique en raison de ses activités durant la Seconde Guerre mondiale. Elle peut être plus lente lorsque le cumul des effets accroît les conséquences de la crise (grève).

Elle peut également être irrégulière dans l'accroissement de l'intensité selon la teneur des informations progressivement diffusées (corruption) ou selon la perception des conséquences de la catastrophe. Le naufrage de l'Erika le 12 décembre 1999 fut perçu comme une crise grave seulement 14 jours plus tard lorsque le pétrole commença à toucher les côtes bretonnes sur 400 kilomètres de long.

◉ La phase chronique

La crise a atteint son apogée et progressivement sa représentation médiatique se réduit. Régulière ou instable autour d'une tendance à la baisse, cette phase s'explique par l'impératif de renouvellement médiatique. Lorsqu'une information semble être totale sur un sujet, celui-ci perd de son attrait. De même, un événement d'intensité supérieure a pour effet immédiat de réduire toute crise de rang inférieur. Une crise se déroulant en dehors de toute actualité durant la période estivale aura un retentissement supérieur à celle se déroulant à la veille d'une élection présidentielle, d'une coupe du monde de football ou d'un conflit militaire majeur.

La phase de cicatrisation

on oublie pas facilement

La crise a disparu et les médias n'en font plus écho. Cette étape est souvent négligée par les entreprises, celles-ci préférant refouler l'idée même de crise et les difficultés qu'elle a engendrées. Une crise ne disparaît pourtant jamais totalement pour cinq raisons : parce que les effets matériels peuvent rester perceptibles (Tchernobyl, marée noire), parce qu'Internet et les moteurs de recherche conservent la mémoire des crises (en 2010, 73 000 sites font encore référence à la catastrophe de l'Amoco Cadiz qui date de 1978), parce que les médias ressortent les crises anciennes pour les mettre en perspective d'événements comparables ou dans le but d'effectuer des opérations bilans (l'Erika cinq ans après), parce que les procédures juridiques sont multiples et s'étalent sur de longues périodes, enfin parce que le consommateur garde une certaine méfiance envers les entreprises ayant connu des crises, et surtout dans le domaine alimentaire.

La phase de cicatrisation est également propice au rebondissement. La traduction chinoise du mot crise désigne deux termes, le danger et l'opportunité. Ce que détecte aussi le sociologue Edgar Morin : « Ici, s'éclaire le double visage de la crise : risque et chance, risque de régression, chance de progression. C'est que la crise met en œuvre, et nécessairement l'une par l'autre, désorganisation et réorganisation ; toute désorganisation accrue porte effectivement en elle le risque de mort, mais aussi la chance d'une nouvelle réorganisation, d'une création, d'un dépassement. » (1984).

Toute crise recèle les conditions d'une dynamique positive pour transformer un mode de management, conquérir des parts de marché, améliorer une image. Cette dernière phase permet le retour d'expériences sur la gestion de crise et l'évolution vers une nouvelle dynamique. Les exemples de Johnson & Johnson, l'entreprise américaine ayant dû affronter en 1982 un important retrait de produits, le Tylenol, celui de Sandoz (aujourd'hui Novartis) après la grave pollution du Rhin causée par un incendie dans l'une de ses installations à Bâle en novembre 1986 ; ces cas illustrent les possibilités de redresser durablement une image à la suite d'une crise grave.

À l'extrême, nous pouvons imaginer que la crise peut être recherchée dans un objectif de notoriété. Lorsque l'association Raël annonce le 25 décembre 2002 son expérimentation réussie de clonage humain ou lorsque certaines entreprises créent des campagnes d'affichage volontairement choquantes (Benetton), elles se mettent en situation potentielle de crise afin de bénéficier d'une forte médiatisation.

La crise a pour effet d'accroître la visibilité médiatique d'une organisation. Le fait d'avoir pratiqué une parfaite gestion de crise, basée sur la réactivité, la fiabilité et la transparence procure d'excellents résultats dans l'immédiat et contribue à garantir l'avenir par le souvenir d'une présence lors de moments difficiles. Il reste que la gratitude médiatique est une notion fugace. Après la parfaite maîtrise par Hydro-Québec de la communication liée à l'effondrement du réseau électrique, Lise Chartier (1999) note que « les médias n'en ont que redoublé d'ardeur après pour la piéger, commenter son manque de transparence et accorder une place prépondérante durant tout le reste de l'année à ceux qui la contestaient ».

IV. TYPOLOGIE DES CRISES

Afin de mieux se préparer aux éventualités de crise, de nombreuses organisations cherchent à recenser les risques et permettre ainsi d'imaginer les scénarios et les stratégies de réponse.

Les typologies peuvent être simples ou détaillées, elles peuvent s'apparenter à un recensement des familles de crise à l'exemple de Mitroff, Pearson et Harrington (1996) qui distinguent, comme P. Boccard (1996), onze catégories de crises potentielles. D. Vastel en compte sept (1988) ainsi que B. Robert et D. Verpeaux (1991). Une autre classification, plus ouverte, peut se construire autour de certains paramètres. M.H. Westphalen (1992) propose une analyse suivant les origines de la crise en fonction de trois axes :

– le caractère objectif ou subjectif de la crise,
– la nature de la crise : technique ou politique,
– la source de la crise : endogène ou exogène.

P. Lagadec (1993) opère la distinction autour de deux axes : le caractère interne ou externe de la crise, sa nature technico-économique ou organisationnelle, sociale et humaine.

Techniques/Économiques	
Défauts de produit/service Accidents dans les installations Panne informatique Information erronée, cachée Faillite	Destruction majeure de l'environnement/accidents Défaillances du système à grande échelle Catastrophe naturelle OPA Crise gouvernementale Crise internationale
Interne	**Externe**
Échec pour s'adapter/changer Défaillance organisationnelle Mauvaises communications Sabotage Altération du produit en usine Rumeurs, diffamations Activités illégales Harcèlement sexuel Maladies du travail	Projection symbolique Sabotage Terrorisme Enlèvements de dirigeants Altération du produit hors usine Contrefaçons Rumeurs, diffamations Grèves Boycottages
Humaines/Sociales/Organisationnelles	

Source : Patrick Lagadec, *Apprendre à gérer les crises*, Paris, Éditions d'Organisation, 1993, p. 34.

Fig. 1.2. *Différents types de crises organisationnelles*

Il n'existe pas de mauvaises typologies, il n'y a que des mauvaises utilisations. Les classifications trop détaillées encourent le risque d'une certaine rigidité ; les analyses par axe ne permettent pas d'appréhender les nouvelles formes de crise, à la fois objective et subjective, technique et politique, interne et externe. L'essentiel réside ici dans l'objectif opérationnel de la typologie, à savoir l'analyse des domaines (secteurs et interlocuteurs) concernés par une crise. De ce point de vue, une classification simple mais flexible permet la représentation des interpénétrations entre les domaines de crise. Il est à noter également que la plupart des typologies se concentrent sur les causes de la crise et non sur ses conséquences, ce qui est pourtant un paramètre non négligeable.

1. La sphère économique

Elle couvre l'ensemble des crises concernant les secteurs suivants.

• Secteur industriel

La crise du textile et de la sidérurgie dans les années 80, les restructurations engagées dans le secteur automobile (Renault Vilvorde en février 1997), pneumatique (Michelin, été 1999), placent les entreprises dans des situations évolutives où les aspects économiques, financiers, sociaux, politiques sont majeurs.

• Secteur structurel

Les fusions de Hoechst et Rhône-Poulenc, de Suez et de La Lyonnaise des Eaux puis avec Gaz de France, d'AOL et Time Warner peuvent se réaliser sans crise grave en raison de leur anticipation. Les OPA hostiles, à l'exemple de la BNP sur Paribas, de Total sur Elf, de Sanofi sur Aventis, de Mittal sur Arcelor peuvent dégénérer rapidement, car elles s'accompagnent d'un bouleversement profond assimilable à une défaite militaire. Comme indiqué ci-dessus, la communication de crise est née en France d'une OPA dirigée contre le groupe Saint-Gobain.

• Secteur financier

L'ampleur et la volatilité de la capitalisation boursière internationale ont pour conséquence une fragilisation accrue des entreprises face au risque financier. Ce risque peut être endogène (des résultats en baisse : Eurotunnel, un discours malheureux d'un dirigeant : Alcatel, une situation comptable non maîtrisée : Enron, Worldcom, Vivendi…) ou exogène (le *krach* boursier comme en octobre 1987 ou plus récemment celui consécutif à la crise dite des *subprimes* à l'automne 2008.

• Secteur social

La grève est la première cause de crise interne à l'entreprise en raison de ses conséquences directes sur la production et le chiffre d'affaires, mais aussi par son impact externe et la médiatisation qu'elle provoque. Les grandes grèves, malgré l'ampleur de l'action et du nombre de grévistes, restent moins médiatisées qu'un arrêt de travail des pilotes de ligne d'Air France ou la menace de salariés grévistes de déverser des produits toxiques dans l'eau potable de leur ville, la menace de l'explosion de leur usine ou la séquestration de leur dirigeant.

L'agitation sociale, les manifestations, fonctionnent ainsi de plus en plus dans une logique médiatique de prise à témoin d'une détermination au profit d'une volonté de pression extérieure sur les choix stratégiques des entreprises.

Le domaine social peut également être source de crise par la mise en lumière d'activités répréhensibles (harcèlement moral ou sexuel), par la condamnation d'un salarié (délinquance notamment financière), voire par le débat qu'il suscite. EDF fut ainsi confronté en 1999 à la médiatisation d'un agent, travailleur irréprochable au sein de son parc nucléaire, mais membre de l'église de scientologie. En août 2004, l'entreprise affronte, en pleine période de débat sur l'ouverture du capital, la médiatisation d'un de ses cadres, auteur d'un ouvrage : *Bonjour Paresse : de l'art et de la nécessité d'en faire le moins possible en entreprise.*

2. La sphère technique

Le domaine technique intègre deux points.

• La crise liée à l'entreprise

En raison d'un incendie (cas le plus fréquent), d'une explosion ou avarie sur un bâtiment (Seveso 1976, Three Mile Island 1979, Bhopal 1984, Tchernobyl 1986, Bâle 1986…), d'un accident industriel (Eurotunnel 1996, tunnel du Mont Blanc

1999), d'un accident de transport (Pan Am 1988, TWA 1996, Air France-Concorde 2000, Air France-Airbus 2009), d'une marée noire (Torrey Canyon 1967, Amoco Cadiz 1978, Erika 1999, Prestige 2002, BP 2010), l'entreprise se voit propulsée sur la scène médiatique, souvent en posture d'accusée dès lors que les conséquences humaines, sanitaires ou environnementales apparaissent importantes.

• La crise liée au produit

Il peut être remis en cause à trois titres :

– une montée des critiques sur les conséquences de son utilisation : les produits chlorés ou phosphatés au début des années 90 furent ainsi suspectés de contribuer à l'eutrophisation des rivières, les voitures diesel à l'aggravation de la pollution atmosphérique. Plus récemment, la gélatine et les graisses animales utilisées dans l'alimentation (fromages blancs 0 %, mousses aux fruits, biscuits fourrés) sont apparues suspectes ;

– une défaillance perçue sur un produit : des traces de benzène dans les bouteilles de Perrier (1990), des risques de surchauffe sur les diffuseurs insecticides électriques de Baygon (1993), des risques d'ébrèchement des goulots de bouteilles de verre chez Bud (1999) ou Coca-Cola (2001), d'écoulement d'acide sur les lampes torches Playmobil (1999), de tenue de route non conforme (Mercedes classe A, 1997, Peugeot 607, 2000) ou de freinage (Toyota 2009-2010). Ces défaillances peuvent être causées par une agression extérieure (Tylénol, 1982, Josacine 1994), être amplifiées par des craintes relatives à la sécurité alimentaire (vache folle, listéria, dioxine…) ou des appels au boycott ;

– la qualité et la sûreté du produit peuvent être seulement suspectées (OGM, faible dose) ou faire l'objet de rumeurs (colorants cancérigènes dans certains produits).

La perception d'un défaut majeur sur un produit doit entraîner une communication immédiate de l'entreprise sur les modalités d'utilisation ou sur le rappel du produit.

Après la crise de la dioxine apparue dans quelques canettes de Coca-Cola en juin 1999, l'entreprise semble dorénavant avoir tiré les leçons d'une attitude passive en prenant l'initiative (février 2001) de retirer des lots de bouteilles susceptibles de s'ébrécher au décapsulage. À l'inverse, Apple a eu quelques difficultés à réagir après la découverte à l'été 2009 de plusieurs cas d'explosion de l'écran de l'I-Phone.

3. La sphère politique

Elle regroupe les crises relatives à l'organisation de la cité.

• Crise réglementaire

Elle est due à une activité tombée sous le coup d'une réglementation contraignante. Celle-ci peut concerner directement l'entreprise, à l'exemple de la banque Cortal qui s'était fait connaître en rémunérant les comptes chèques. Le 15 octobre 1992, le ministère des Finances annonce la fin des comptes rémunérés et oblige ainsi la banque à réorienter rapidement sa stratégie de développement.

La réglementation peut exercer ses effets indirectement par l'interdiction publicitaire. La loi Evin du 29 mai 1992 a ainsi proscrit la publicité sur le tabac, ce qui eut des conséquences sur les cigarettiers, les agences publicitaires et sur de nombreux titres de la presse écrite dont certains n'ont pas survécu (*Actuel*).

• Crise judiciaire

Elle apparaît lorsqu'une activité ou un produit est impacté par une décision de justice qui contraint à un repositionnement marketing.

> Le 7 juin 1993, Pierre Bergé, directeur général du groupe Yves Saint-Laurent présente à la presse le nouveau parfum : Champagne. Aussitôt, l'Institut national des appellations d'origine (INAO) et le Comité interprofessionnel des vins de Champagne (CIVC) portent plainte pour protéger la marque « Champagne ». Le 28 octobre 1993, le tribunal d'instance interdit l'usage du terme « Champagne » pour désigner un parfum et ordonne la confiscation des emballages et documents publicitaires. Dans l'attente du jugement définitif, la marque se repositionne sur le thème mais sans référence au nom : « Saint-Laurent, le parfum des femmes qui pétillent ». Enfin, après le 15 décembre 1993 et la confirmation en appel du jugement de première instance, Saint-Laurent rebaptise son produit « Yvresse ».

La crise judiciaire peut également être causée par une procédure juridique envers des activités frauduleuses. Les accusations de corruption visant certaines entreprises de BTP, de services aux collectivités locales, de la grande distribution, du secteur de l'armement, témoignent d'une recherche de responsabilité dans des domaines où, et l'affaire Elf (1994-2004) en est une des plus parfaites illustrations, la frontière entre le politique et l'industriel apparaît étroite.

4. La sphère corporate

Elle concerne directement l'image et la réputation de l'entreprise. La crise *corporate* peut avoir son origine dans une rumeur incontrôlée et totalement fantaisiste. (Procter et Gamble est une firme satanique, Marlboro finance le Ku Klux Klan...). Elle peut avoir un fondement réel et s'amplifier en raison des réactions hostiles. Le rôle de Total en Birmanie, de Nike en Asie du Sud-Est furent ainsi amplifiés par les réseaux Internet et par les médias, sans qu'il soit toujours possible de distinguer la part de manipulation concurrentielle dans ce type de crise.

Une caractéristique majeure des crises est leur transversalité. Les crises sont tout à la fois économiques, ne serait-ce qu'en raison des conséquences sur les ventes, techniques si le produit est controversé, politiques puisque nos représentants ne manqueront pas de s'exprimer, corporate puisque l'image de l'entreprise est contestée, juridiques en raison des procès qui s'ensuivront.

Afin de surmonter les inconvénients de classification rigide, le recours à une méthode développée par C. Roux-Dufort (2003) apparaît prometteur. Elle consiste à visualiser les domaines concernés par un type de crise afin d'en appréhender l'ensemble des aspects.

V. L'ACCÉLÉRATION DES CRISES

Toute société a été ou sera en crise. La crise est désormais un phénomène susceptible de concerner tout type d'organisation, quels que soient son secteur d'activité et sa taille. Edgar Morin (1984) avait également observé que : « Toute évolution comporte une composante crisique et peut être conçue comme un chapelet irréversible de crises. » Les crises tendent toutefois à s'accélérer et ce phénomène s'explique par la combinaison de plusieurs éléments nouveaux.

Tableau 1.1.

Type de crise	Catégories	Illustrations		
		Cas	Date	Événement
Économique • Économique • Financière • Sociale	• Difficultés économiques • OPA • Effondrement boursier • Grève • Problèmes individuels	• Renault • BSN Saint-Gobain • Alcatel • Fortis • Air France • Harcèlement moral ou sexuel • Introduction de sectes • Suicide	• 1984 • 1968 • 2009 • 1998 • 2009	• Pertes financières 12 MdF • Annonce OPA hostile • Grève des pilotes à la veille de la coupe du monde de football • 40 suicides à France Télécom
Technique • Technique • Sanitaire • Accident	• Défaillance de produits • Suspicion ou intoxication • Explosion, naufrage, pollution	• Mercedes classe A • Toyota • Listeria • Erika	• 1998 • 2009 • 1998 • 1999	• Fiabilité contestée rappel du produit • Interdiction de commercialisation de certains fromages • Marée noire sur les côtes de Bretagne
Politique • Politique • Juridique	• Corruption • Imposition d'une nouvelle réglementation	• Lyonnaise des Eaux • Cortal	• 1994 • 1992	• Marché de l'assainissement à Grenoble • Suppression des comptes rémunérés
• Corporate	• Action non acceptable socialement • Rumeur	• Axa • Schweppes	• 2000 • 1976	• Doublement des cotisations handicapés • Suspicion sur la présence d'un agent cancérigène E330

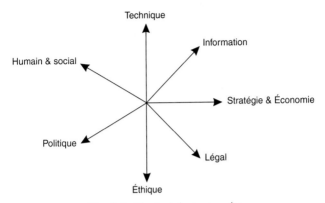

Fig. 1.3. *L'entreprise porte-crise*

Source : C. Roux-Dufort, *Gérer et décider en situation de crise*, Paris, Dunod, 2003, p. 113.

• La complexité technologique

Elle rend nos organisations plus fragiles. Raffineries, usines chimiques, centrales nucléaires, laboratoires pharmaceutiques... apportent de nouvelles menaces. L'organisation en réseau d'Internet renforce le risque de détournement de données et de paralysie générale de certaines entreprises. Microsoft elle-même y fut confrontée à l'automne 2000.

• Le rôle des médias

Les médias plus nombreux, plus libres, plus concurrentiels renforcent les dynamiques de crise. Excellente opportunité d'audience, la crise est alors amplifiée par l'investigation journalistique, la recherche de l'exclusivité, du *scoop*. Une surenchère médiatique peut apparaître lors de certaines crises et les relations devenir conflictuelles. Un certain passif de la communication de crise a pu engendrer le sentiment chez quelques journalistes d'une manipulation de l'information par des entreprises soucieuses de se protéger contre toute investigation externe.

En outre, la multiplication des téléphones portables offrant la possibilité d'enregistrer des événements (photos ou vidéos) puis de les diffuser sur des sites de partage en ligne (You tube, Daily Motion) fait de chaque possesseur un reporter créateur ou amplificateur de crise en puissance.

• La sensibilité à l'environnement

Elle s'accroît et 70 à 80 % des Français se disent très préoccupés par les atteintes à l'air et à l'eau. Plus des 2/3 se déclarent pessimistes sur l'environnement qui sera légué aux générations futures. Cette situation rend plus insupportable la vision d'oiseaux mazoutés, d'effluents toxiques déversés dans les fleuves, d'atteintes aux paysages.

• Les progrès de la réglementation

Ils devraient réduire les crises. Ils agissent pourtant de manière ambiguë. En multipliant les normes, ils accroissent également les risques de transgression. L'infraction à une règle juridique suffit à créer un phénomène de crise. En augmentant le nombre de règles, l'infraction apparaît comme un acte délictueux qui tend à s'accroître.

• L'accroissement de la méfiance

La confiance envers les entreprises, les pouvoirs publics, l'État, se réduit. Il en est de même pour la confiance envers le progrès scientifique et technique. Seul un peu plus du tiers des Français (37 %) pense que « la science apporte plus de bien que de mal ». La confiance se réduisant, elle amenuise toute crédibilité aux messages des hommes politiques et, désormais, à ceux des experts. L'attitude de certains responsables lors des crises de Seveso (1976), de Three Mile Island (1979) ou du sang contaminé (1986) a renforcé la méfiance de l'opinion publique.

• La justice

Elle est plus libre et les avocats plus offensifs. Le troisième pouvoir peut désormais s'attaquer aux plus hauts rouages de l'État. Il n'hésite pas à mettre en examen, voire à écrouer un ministre (affaire Carignon, juillet 1996). L'ensemble des affaires liées à la corruption (abus de biens sociaux, trucage de marchés publics...) peut être rendu public. Les médias ont parfaitement appréhendé le phénomène et de plus en plus de crises naissent par la médiatisation d'affaires juridiques. Dans le même sens, la démarche quasi commerciale de certains cabinets d'avocats, qui consiste à proposer à des particuliers de porter plainte contre certaines entreprises susceptibles de leur avoir fait grief, peut placer celles-ci en état de crise. Les plaintes, notamment américaines, contre certains fabricants de tabac proviennent souvent de recommandations d'avocats.

> Après avoir glissé le 22 décembre 2008 sur une frite dans un restaurant Quick de Reims, une cliente réclame 100 000 euros à titre d'indemnisation dans un procès. Le 18 janvier 2010, la Cour administrative d'appel de Marseille déclare la ville responsable des conséquences dommageables liées au fait qu'une personne a glissé sur une déjection canine sur la chaussée.

En outre, la longueur et les différentes étapes d'un procès (1re instance, appel, cassation) peuvent intervenir comme autant de mini-crises à répétition. Le procès consécutif à la catastrophe de l'Airbus qui s'est écrasé le 20 janvier 1992 au Mont Sainte-Odile ne s'est ouvert que le 2 mai 2006, les indemnités liées à l'explosion de Bhopal le 3 décembre 1984 ne sont pas réglées après un premier jugement le 7 juin 2010. C'est seulement le 15 février 2005 que la Cour européenne des droits de l'homme a clôturé un procès en diffamation contre Mc Donald's, celui-ci avait débuté à Londres par l'impression d'un tract « Ce qui ne va pas chez Mc Donald's », en 1987.

• Le monde associatif

Le pouvoir du monde associatif est un facteur aggravant. La professionnalisation des associations de défense des consommateurs ou de protection de l'environnement renforce la relation conflictuelle de certaines crises. La puissance d'une association comme Greenpeace amène chacun de ses combats à se transformer en crise majeure pour chacune des entreprises visées ; Shell et la Cogema l'ont particulièrement constaté.

• Les salariés

L'accroissement de la distance entre le salarié et le monde de l'entreprise s'explique par la perception que celle-ci ne peut assurer le bonheur et l'épanouissement. Accélération des OPA, flux tendus, restructurations, l'ensemble de ces phénomènes aboutit à générer de nombreux mécontentements. Le repli sur soi et la cellule familiale (*cocooning*) accentuent encore cette situation. De fait, la moindre connaissance d'une opération douteuse peut devenir pour un salarié une opportunité psychologique de vengeance contre une disgrâce dont il se sentirait l'objet. Le journal satirique *Le Canard Enchaîné* fourmille de révélations procurées par des salariés mécontents à qui la certitude de l'anonymat permet la divulgation de révélations majeures.

Au tournant des années 2000, les affaires de la MNEF en 1999 (détournement financier), de Danone en 2001 (plan de restructuration) ou de Buffalo-Grill en 2002 (sécurité sanitaire), ont ainsi eu une origine interne.

Aux États-Unis, le programme d'action pour la sécurité du trafic aérien mis en place par l'administration fédérale pour l'aviation a demandé aux salariés de lui faire remonter directement les dysfonctionnements qu'ils constateraient. Les salariés avaient la garantie que, même s'ils étaient directement concernés, ils ne seraient jamais inquiétés. Selon un premier bilan effectué en avril 2010, un an et demi après le lancement du dispositif, 14 000 rapports furent adressés sur le bureau de l'agence américaine.

• Internet

Internet dispose d'une double fonction. Il a la faculté de générer certaines crises, notamment par le lancement de fausses informations, la constitution de sites agressifs, la propagation de rumeurs. Il permet également l'amplification des crises par la rapidité de diffusion des informations, les forums d'actions militantes et la création de sites dédiés au détournement des messages. Le naufrage de l'Erika a mis en lumière la force contestataire permise par le réseau (appel au boycott, forum militant, détournement d'image : Total ment-Totalement responsable...).

En renforcement du facteur précédent, l'accroissement des blogs de salariés, voire leur simple compte personnel sur des pages type Twitter ou Facebook, représente une nouvelle forme de risques pour les entreprises.

• Les progrès de la métrologie

La science de la mesure s'affine. Les techniques scientifiques permettent désormais de détecter quelques microgrammes de benzène, de dioxine, quelques cellules de listeria dans le fromage, ou prions dans la viande bovine. Il est plausible que ces phénomènes existaient largement au début du siècle, mais le seul fait d'être aujourd'hui capable de les détecter rend la simple révélation d'un composant étranger, constitutive de l'émergence d'une crise potentielle. Coca-Cola a ainsi dû annuler en mars 2004 le lancement en Europe de son eau potable Dasani après la découverte d'un taux de bromure élevé. L'intensité d'une crise ne dépend pas de l'événement mais de sa perception. De ce point de vue, la seule évocation de certains termes est un facteur potentiel d'émergence.

• La mondialisation

Elle accentue la guerre économique. Les rivalités entre entreprises connaissent une zone grise, basée sur la déstabilisation informationnelle et la décrédibilisation de l'autre. Sans qu'aucune preuve ne soit disponible, il reste possible d'imaginer le rôle des compagnies pétrolières américaines dans la révélation des actions troubles de Total en Birmanie, de Reebok envers celle de Nike en Asie du Sud-Est, de Boeing envers Airbus lors de certains accidents.

Les démarches de l'intelligence économique nous enseignent que la communication est une arme commerciale et qu'il est concevable légalement d'attaquer l'image *corporate* d'un concurrent. C'est la guerre économique. La crise d'un rival est une formidable opportunité pour s'emparer des parts de marché.

La crise s'accélère, elle change aussi de nature. Auparavant perçue comme une rupture au sein d'une organisation gérable, la crise était assimilée à un accident pour lequel une procédure adaptée, appuyée sur une bonne expertise et une volonté managériale, pouvait permettre de rétablir la situation antérieure. Cette perspective va progressivement s'estomper. La volonté managériale ne suffit plus face à la multiplication des intervenants. L'expertise apparaît controversée, voire inopérante. Les médias imposent leur logique de réponse binaire là où la complexité et l'incertitude règnent. La transversalité des problèmes réduit toute compréhension et tout traitement immédiat.

Cette évolution (P. Lagadec, 2000) amène une modification dans la manière de concevoir la gestion et la communication de crise. Le rôle de l'entreprise en crise consiste moins à fournir une réponse univoque qu'à présenter une attitude basée sur l'écoute et l'humilité et fournir les éléments pour un débat public aux multiples acteurs.

Bon Résumé

La crise : définitions et propos *de crise*

On définit la crise comme un processus qui, sous l'effet d'un événement déclencheur, met en éveil une série de dysfonctionnements. *Christophe Roux-Dufort*

Crise : une situation où de multiples organisations, aux prises avec des problèmes critiques, soumises à de fortes pressions externes, d'âpres tensions internes, se trouvent brutalement et pour une longue durée sur le devant de la scène, projetées aussi les unes contre les autres... le tout dans une société de communication de masse, c'est-à-dire en direct, avec l'assurance de faire la « une » des informations radiodiffusées, télévisées écrites, sur une longue période ». *Patrick Lagadec*

Un incident sérieux affectant, par exemple, la sûreté ou la santé humaine, l'environnement et/ou le produit ou la réputation d'une organisation. *Michaël Bland*

Un événement qui conduit l'organisation à devenir le sujet d'une vaste et potentiellement défavorable attention des médias et d'autres groupes extérieurs comme les actionnaires, les hommes politiques, les syndicats et les groupes de pression environnementaux, qui pour une raison ou une autre, ont un intérêt dans les actions de cette organisation. *Michaël Regester*

Accident subit survenant chez une personne en bonne santé apparente. *Larousse*

Il y a récession quand votre voisin perd son emploi, il y a crise quand vous perdez le vôtre. *Harry Truman*

La crise, c'est le sentiment de la crise. *Cornelius Castoriadis*

La crise est une situation stimulante. Il faut simplement lui enlever le goût de catastrophe. *Max Frisch*

Crise : changement rapide et involontaire, qui peut s'avérer favorable ou défavorable, mais qui est toujours difficile et presque toujours douloureux. *André Comte-Sponville*

Tout événement inattendu ou non contrôlé ressort de la crise. *Patrick Boccard*

La crise est un changement, une transition entre deux états, transition qui se fait de façon accélérée. *Jean-Bernard Pinatel*

Chapitre 2

L'organisation
de la communication de crise

S'il y a de nombreuses incertitudes sur la communication de crise, il existe heureusement plusieurs points d'ancrage et notamment un principe central : la crise se gagne avant son émergence. Une entreprise qui aura mis en place une organisation de crise, réparti les rôles, réalisé des exercices de simulation, préparé ses argumentaires, aura davantage de chances de surmonter les épreuves. Le terme principal est ici l'anticipation. D'un point de vue organisationnel, l'anticipation s'appréhende à deux niveaux : l'aspect matériel et celui de la communication.

I. L'ORGANISATION MATÉRIELLE DE LA CRISE

Elle consiste à mettre en place un dispositif de gestion des crises dans une perspective de prévention et de préparation.

1. Le recensement

Il s'agit de passer en revue l'ensemble des crises potentielles dans une organisation. Cette première phase peut s'effectuer en partant d'une typologie (*cf.* chapitre 1).

Toute typologie est critiquable. En l'occurrence, il est souvent délicat de distinguer l'interne et l'externe. Une nouvelle réglementation peut conduire une entreprise en situation de crise. Il est pourtant difficile de classer cette occurrence qui concerne tant l'interne que l'externe, tant les aspects économiques qu'organisationnels.

Il est également possible de lister les crises potentielles par thèmes. La plupart peuvent se regrouper en risque de nature économique, technique, politique ou corporate. Elles peuvent concerner la qualité ou les caractéristiques d'un produit ou être liées directement à l'image de l'entreprise. Partant de cette typologie, il convient ensuite d'examiner l'ensemble des possibilités d'occurrence de crises.

Cette étape du recensement doit être très exhaustive. Elle a pour but d'imaginer l'impossible et de ce point de vue, il conviendra d'étendre au maximum les cas recensés. Ceci ne peut s'effectuer qu'avec le concours d'une diversité d'acteurs représentant l'ensemble des fonctions de l'entreprise. L'apport d'une vision externe à l'entreprise est également recommandé.

Le groupe Nestlé a ainsi recensé les risques encourus en fonction du cheminement du produit et du nombre d'intervenants en relation avec le produit. La crise peut naître du pays fournisseur de matières premières et de la qualité de celles-ci, des pollutions ou contaminations accidentelles, de processus de qualité ou de traçabilité défectueux, d'erreur technique ou de défaillance humaine, d'emballage défectueux, d'étiquetage inadéquat, de stockage inadapté, de mauvaises conditions de conservation ou de transport, d'incident au niveau de la consommation du produit, etc.

Le recensement des crises peut aboutir à des projections très affinées envers certaines occurrences. Prenant l'exemple britannique des crises pouvant affecter Big Ben, Frank Jefkins propose 17 possibilités qu'il divise entre les crises possibles (10) et les crises improbables mais devant être envisagées (7).

Une fois établie cette première liste, il convient de la rendre opérationnelle par l'adjonction de quelques paramètres. Ainsi, sur chaque cas recensé, l'entreprise s'interrogera sur :

– la probabilité d'occurrence. Le risque est-il minime ou fortement probable ?

– le risque encouru. L'entreprise serait-elle fortement menacée ?

– la maîtrise du sujet. Les systèmes de secours sont-ils totalement efficaces ?

L'objectif final est d'aboutir à sélectionner une quinzaine de cas considérés comme probables et à risque majeur, et pour lesquels l'entreprise ne dispose pas d'une totale certitude sur la maîtrise des processus de sécurité. Bien évidemment, le premier réflexe sera ici de travailler à réduire les potentialités de crise plutôt que de préparer les argumentaires.

Pour être efficace, cette étape du recensement doit respecter trois contraintes.

• L'ouverture

De nombreuses organisations s'estiment à l'abri de toute crise. Parce qu'elles se situent sur des dynamiques positives, parce qu'elles imaginent qu'une bonne assurance les protège, parce que leur activité n'est pas considérée comme à risque ou simplement parce qu'elles imaginent que les crises n'arrivent qu'aux autres, de nombreuses entreprises, insuffisamment préparées, gèrent plus difficilement leur crise. L'étonnement rigidifie les réflexes.

> Le cas « Total » a pu être expliqué par la sidération des dirigeants après la marée noire de l'Erika. Après une année de succès considérables (contre-OPA réussie sur Elf, nomination de Thierry Desmarest comme manager de l'année, perspectives économiques florissantes...), la confrontation avec un événement négatif a pu contribuer à paralyser certains comportements et à rigidifier les communications.

• La dynamique

La gestion d'une crise repose d'abord sur un état d'esprit. Le risque du recensement est d'enfermer les procédures sous un classement trop rigide. La crise rentre rarement dans une classification. Tout processus basé sur une planification stricte risque l'échec, car la crise empruntera souvent des voies multiformes, cumulera différents enjeux ou débutera par une crise technologique pour se transformer en crise environnementale. À trop standardiser des mécanismes de défense, l'organisation risque de réduire la flexibilité nécessaire à la gestion des crises.

• Le doute

L'établissement du recensement est un travail permanent. Comme la veille stratégique, il doit constamment s'améliorer en s'interrogeant sur sa pertinence. De nouvelles crises peuvent apparaître par voies réglementaires ou par les réseaux informatiques. L'évolution de l'opinion publique et de ses paramètres de mobilisation doit faire l'objet d'une attention particulière. Jean-Pierre Beaudoin, directeur de l'agence I et E distingue actuellement une mobilisation potentielle autour du cadre suivant :

Tableau 2.1. *Thèmes et terrains de crises potentielles*

Terrains / Thèmes	Sécurité	Environne-ment	Alimenta-tion
Santé			
Enfants			
Sexe			

Les listes de crises potentielles doivent être actualisées, notamment par un *benchmarking* des crises extérieures. Chacune de celles-ci est un signal d'alerte pour toute organisation qui doit alors se poser la question de la potentialité interne d'une crise similaire.

2. La simulation des conséquences

La maîtrise de l'information est la clé de voûte du dispositif de gestion de crise. Très rapidement, l'entreprise en crise sera l'objet de multiples sollicitations et questionnements. La fiabilité et la réactivité apparaissent alors comme un des paramètres déterminants de toute crédibilité ultérieure.

Cela implique la nécessité de connaître les conséquences potentielles de toute crise recensée dans la première phase. Si, dès les premières minutes d'un accident technologique, l'entreprise peut alerter les populations avoisinantes sur les risques réels, cela réduira d'autant les risques de panique et lui conférera un statut solide.

La connaissance des impacts concevables permet également d'adapter le niveau de médiatisation de l'événement. Savoir aussitôt si la rupture de la canalisation polluera le fleuve aux alentours immédiats de l'implantation industrielle, ou, si les conséquences seront sensibles sur plusieurs centaines de kilomètres, entraîne un choix de communication différent. Dans la première hypothèse, l'entreprise ne pourra diffuser un communiqué de presse qu'à la presse quotidienne régionale, dans la seconde, la médiatisation sera nationale et le communiqué à l'AFP sera nécessaire.

Dans cet objectif de crédibilisation immédiate des discours, l'entreprise effectuera des exercices de simulation. Ceux-ci se distinguent des exercices de crise qui n'ont pour objectif que de tester des procédures et des comportements. Ici, la simulation est purement technique et s'effectue généralement en laboratoire. En collaboration avec des organismes comme la météorologie nationale ou l'Ifremer, l'entreprise pourra simuler les conséquences d'une catastrophe en fonction de la vitesse des vents ou des courants et la puissance des marées. En cas de rejets atmosphériques ou d'effluents liquides, elle pourra rapidement maîtriser les informations nécessaires à la crédibilité

3. La cellule de crise

La cellule de crise représente le symbole de la gestion des crises dont elle constitue l'acte fondateur. La réunion de la cellule de crise exprime la reconnaissance de la gravité de la situation. Cette cellule est souvent représentée comme un lieu clos dans lequel se réuniraient en permanence de multiples interlocuteurs. Dans les faits, il s'agit souvent de lieux éclatés mais interconnectés. Un réseau de relations est plus efficace qu'un endroit unique réunissant un maximum de composantes. Cela s'explique par la nécessité d'obtenir rapidement des informations fiables. De ce point de vue, il est préférable que les experts débattent entre eux autour de l'analyse des premiers résultats, et ensuite fassent remonter une information synthétique à la cellule de crise. À défaut, celle-ci risque la dispersion au travers de discussions relatives aux données transmises.

• La constitution de la cellule

La cellule ne doit pas être conçue de manière figée en début de crise en raison du caractère dynamique de la plupart des crises.

Trois composantes sont recommandées.

L'animateur

Celui-ci peut être un représentant de l'état-major de l'entreprise ou un individu choisi pour sa capacité et sa légitimité à conduire les débats. Il a pour fonction d'opérer la synthèse de l'ensemble des informations recueillies, puis, selon sa délégation de pouvoir, de valider une prise de position ou de la transmettre au plus haut niveau de l'entreprise. Il est nécessaire que la cellule de crise comporte un manager de haut niveau. Les avis sont souvent partagés et il convient de trancher rapidement ; la présence d'un décideur clairement investi d'une délégation de pouvoir est donc obligatoire. Toutefois, la présence du président n'est pas indiquée au sein même de la cellule, afin de lui permettre le recul stratégique suffisant. Il sera en permanence informé, validera les décisions majeures mais sans intégration à la cellule.

Cette absence d'intégration ne justifie pas pour autant son absence lors des exercices de simulation. Sa participation est rendue nécessaire par son implication au cœur du dispositif de crise, par le besoin de réalisme de la simulation et surtout par les conséquences mêmes de sa présence. De nombreux exercices s'apparentent à de simples jeux d'écriture de communiqués de presse et à la vérification des circuits de communication interne. La présence du président réduit ce risque de dérive au profit d'une meilleure réflexion organisationnelle et managériale.

Les experts

Chargé de recueillir et d'analyser l'information technique, l'expert a une tache difficile en raison de la forte incertitude qui caractérise la plupart des crises. Les crises produisent de multiples effets, il est important que l'expertise concerne plusieurs domaines. Ainsi, aux côtés des experts techniques, il est conseillé de réunir des spécialistes juridiques et financiers. Quel que soit le type de crise, ces deux domaines risquent fort d'être concernés. La présence d'autres experts varie selon la situation : une pollution nécessitera la participation du directeur de l'environnement, un conflit social celle du DRH, une défaillance ou une rumeur sur un produit, celle du responsable marketing, etc.

Le responsable de la communication

Deux fonctions majeures lui sont affectées. Il doit d'abord faire remonter à la cellule de crise l'ensemble des attentes des différents interlocuteurs de l'entreprise. Cette fonction de *communication ascendante* consiste à participer à la prise de décision par l'intégration des attentes externes : quel est le niveau de préoccupation des publics ? Que souhaitent-ils ? Comment réagiraient-ils face à telle décision ?, etc.

La deuxième fonction consiste à transcrire en messages de communication les décisions prises au sein de la cellule. Cette activité de *communication descendante* a pour objectif la diffusion de décisions de l'entreprise dans une perspective de réception et d'acceptation maximale. Elle se traduit par la préparation des déclarations et conférences de presse, par la rédaction des communiqués de presse et par la préparation des messages et argumentaires destinés notamment au porte-parole de l'entreprise.

En dehors de ces trois composantes, la cellule de crise doit comporter une participation logistique chargée de faire fonctionner la cellule de crise (secrétariat, dépannage immédiat en cas de problèmes techniques…). Une personne sera également chargée de faire les relevés de toutes les décisions prises en cellule de crise.

**L'état de la communication de crise
dans les entreprises françaises**

- Selon la 6ᵉ édition du baromètre UDA/CSA sur la communication d'entreprise publié en 2007, la communication de crise est le domaine qui a connu la plus forte évolution puisqu'elle concerne aujourd'hui 71 % des entreprises, contre 53 % en 2000.
- Une étude de février 2010 de Development Institute International auprès de directeurs de la communication indique qu'en 2009, 51 % d'entre eux déclarent avoir été confrontés à une crise sociale et 40 % à une crise portant atteinte à la réputation de leur entreprise.

• Le porte-parole

Le choix de l'émetteur est important car il conditionne la crédibilité des messages. L'organisation peut opter pour le président, un expert, le responsable de la communication, mais le niveau de réception différera. La crédibilité la plus faible est recueillie par le communicant. Il suffit d'être étiqueté comme « responsable de la communication » pour s'apercevoir que le public considère le message comme étant « travaillé ». La communication de crise est souvent perçue comme manipulatrice. Émise directement par un communicant, elle ne paraît pas engager fortement l'entreprise.

Cela ne signifie pas que le communicant ne doive pas s'exprimer. Il doit répondre aux sollicitations. Seulement, sa prise de parole ne doit pas s'effectuer en son nom propre, mais en celui de l'entreprise. Le communicant prépare les messages, mais son nom ne doit pas apparaître lors de leur diffusion.

Pour contourner cet écueil, certaines entreprises redéfinissent les intitulés des fonctions. Le responsable de la communication de la Lyonnaise des Eaux s'intitule directeur de la clientèle et de la communication. La notion de clientèle a pour seul objectif de crédibiliser la fonction du directeur de la communication.

Le choix réel s'effectue alors entre le président et l'expert. Le paramètre de sélection repose sur la connaissance de la crise et sa durée prévisionnelle. Si dès l'origine, les informations recueillies apparaissent solides et si la crise présente les caractéristiques d'une faible durée (accident, incendie...), il est préférable que ce soit le plus haut niveau de l'entreprise qui s'exprime. Cela démontre une réelle prise de responsabilité, une capacité à assumer ses défaillances et à reconnaître ses erreurs.

À l'inverse, lorsque l'incertitude est importante et que la crise apparaît évolutive, il peut être conseillé de faire intervenir un expert. Cet expert doit bénéficier d'une responsabilité importante, c'est-à-dire être membre de l'état-major. Sa mission officieuse est de sauvegarder l'image du président. Une grève qui s'éterniserait risquerait de réduire la légitimité du président de l'entreprise. Dans ce cas, le responsable des ressources humaines peut apparaître porte-parole afin de laisser l'annonce de la sortie de crise au plus haut niveau de l'entreprise. La théorie politique du « principe du fusible » s'applique parfaitement à la communication de crise.

> Lors des menaces liées à la pose de bombes le long des voies ferrées, au printemps 2004, la SNCF a utilisé une stratégie intermédiaire. Son président était filmé le long des voies afin de marquer sa préoccupation, mais c'était un porte-parole spécifique qui exprimait le message de l'entreprise.

Le parallélisme des formes devra également être respecté. Si un ministre est amené à se déplacer sur les lieux d'un accident, le directeur de l'entreprise concernée pourra difficilement refuser d'être présent aux côtés de l'homme politique. Son absence équivaudrait implicitement à un aveu de culpabilité.

• Les conditions d'efficacité de la cellule

Cinq principes doivent être respectés.

La légèreté

Une cellule de crise ne doit pas dépasser la quinzaine de membres, faute de quoi les débats et controverses internes risquent de s'amplifier. Cela signifie que de nombreux volontaires pourront se voir écarter. La participation à la cellule de crise représente une excellente opportunité professionnelle. Refuser certains membres nécessite une habileté managériale.

Le poil à gratter

La sociologie américaine de la seconde guerre mondiale a mis en évidence l'existence d'une pensée groupale en situation tendue. Confrontés à certaines situations délicates, certains équipages de bombardiers ou de sous-marins avaient tendance à suivre la première idée émise par les leaders du groupe. Le même phénomène est reproductible en cellule de crise. C'est la raison pour laquelle il est préférable de ne pas constituer la cellule en fonction des affinités du groupe. Le questionnement préalable à la prise de décision doit être approfondi, et la capacité à remettre en cause une pensée dominante doit être encouragée.

Le naïf

Intégré ou non à la cellule de crise, le naïf a pour mission de recueillir les premières décisions et messages projetés et de réagir. Il est à la communication de crise ce que le pré-test est à la communication d'entreprise. N'ayant pas connaissance des objectifs, il a pour mission de juger les résultats. Ce principe est important : soucieuses de détails, certaines entreprises sont tentées par une communication complexe. Il suffit, avant toute divulgation externe, de proposer à quelques individus internes ou externes, la lecture d'un projet de communiqué de presse, pour s'apercevoir d'éléments essentiels obscurs ou absents. Le « test du naïf » permet le recul nécessaire à toute décision.

L'expérience

Une cellule de crise ne s'use que si l'on ne s'en sert pas. C'est par la multiplication des exercices que l'entreprise acquerra la maîtrise des techniques essentielles à la conduite des situations de crise. Un exercice tous les 3 ou 6 mois est recommandé, si possible en préservant un relatif effet de surprise afin de maintenir un paramètre déterminant des crises : l'effet de déstabilisation.

Le retour d'expérience

L'expérience n'est utile qu'à la condition d'être accompagnée d'un bilan. La reconnaissance des erreurs est une condition nécessaire à l'amélioration de tout dispositif de gestion de crise. Elle doit donc être encouragée. La gestion des crises repose davantage sur un état d'esprit d'ouverture et de souplesse que sur un dispositif trop procédural.

4. La check-list

En situation de crise, le moindre détail peut entraîner des conséquences extrêmes. Les anecdotes sont nombreuses sur des entreprises réunissant un samedi leur cellule de crise et s'apercevant que la clé du local était détenue par le gardien parti en week-end ; sur des cas où les procédures étaient consignées dans des armoires rigoureusement fermées, où les mots de passe des ordinateurs et des lignes téléphoniques avaient été modifiés, où le standard n'avait pas été prévu, etc.

L'ensemble de ces éléments doit être soigneusement consigné et surveillé.

Dans le même esprit, un mémo présentant l'ensemble des coordonnées des interlocuteurs à joindre en cas d'accident est une des premières actions à engager. Le fait que la période estivale est la plus dense en situation de crise n'est peut-être pas l'effet du hasard. C'est aussi celle où les dirigeants sont absents, où l'on cherche vainement à contacter l'ingénieur sécurité. La mise en place d'un réseau d'astreintes et la possibilité de joindre rapidement un maximum d'interlocuteurs représentent une garantie de succès.

II. L'ORGANISATION DE LA COMMUNICATION

Après avoir étudié l'ensemble des éléments matériels, l'organisation doit examiner les paramètres liés directement à la communication. Cette activité est dévolue à la direction de la communication. Elle doit considérer trois domaines majeurs.

1. Le plan de communication

Il est essentiel que la réflexion sur les messages s'opère en amont de toute crise et qu'elle s'inscrive au sein du schéma global de communication de crise. Inscrit lui-même dans le plan de communication de l'organisation, le plan de communication de crise fixe le cadre de cohérence de l'ensemble du dispositif de communication. Il présente l'objectif de la communication, le message, les cibles et les moyens. Son intérêt est de fournir une lisibilité aux acteurs par l'affichage d'un cap. Une caractéristique majeure de nombreuses crises est de placer les entreprises en position défensive en raison de l'ampleur des sollicitations externes, au premier rang desquelles s'inscrivent les demandes médiatiques. Or, « rien n'est plus important que la distinction entre ce que les médias disent et ce que pensent les interlocuteurs cibles » (White et Mazur, 1995). La capacité à conserver une position d'initiative malgré l'afflux des demandes externes, à sélectionner celles-ci et à concentrer les efforts vers les noyaux durs des cibles de communication est la marque du professionnalisme. Les médias représentent la face émergée de la crise mais les réels décideurs sont parfois plus discrets. Concrètement, cela implique pour l'entreprise la nécessité d'organiser son propre système de communication sans focalisation excessive sur les relations avec la presse. Le recours aux techniques de marketing direct (*mailing*, *phoning*...), aux relations publiques (portes ouvertes, visites, réunions publiques...) permet de segmenter les publics tout en contrôlant directement la diffusion des messages. L'organisation doit être détaillée, la composition de la cellule de crise indiquée, ainsi que la liste des contacts et les scénarios les plus vraisemblables selon les typologies de crise. Des recommandations pratiques peuvent y être formulées, notamment en termes d'erreurs à éviter.

La première qualité d'un plan de communication est d'être clair. Formulé en langage accessible et directement opérationnel, il doit être connu des acteurs préalablement à tout exercice de crise. La réalité indique toutefois que le plan est souvent négligé jusqu'à ce qu'un événement caractéristique d'une crise ne rende évidente la nécessité de sa réalisation. Clair, le plan doit aussi être rédigé dans une perspective pragmatique et concise. Une cellule de crise qui découvrirait l'existence d'un plan de communication de 300 pages le jour de l'explosion d'une de ses implantations industrielles aurait peu de chances de réaliser un travail efficace. Le plan doit enfin être flexible. La crise intervient toujours hors des cadres préétablis. Il est rare qu'un scénario corresponde parfaitement à la crise qui se réalise. Le plan doit fixer les règles, l'attitude, le but à atteindre mais ne peut fonctionner comme un manuel de survie à l'usage d'une entreprise en désarroi. C'est pourquoi, il ne peut se déconnecter d'une culture d'entreprise. Le combat anticrise repose d'abord sur un état d'esprit, les procédures viennent ensuite.

Le travail préalable de réflexion sur le schéma de communication de crise et le type de messages à émettre s'explique par la nécessaire sérénité d'écriture. L'état de tension issu de la dynamique de crise réduit la visibilité des choix stratégiques et donc fréquemment la pertinence des messages. L'organisation en crise se situe dans une logique de défense face aux remises en cause externes. Ses messages risquent alors d'apparaître en justification dans un objectif de protection et sur un mode de court terme. La capacité de s'interroger sereinement, en dehors de toute crise, améliore la réflexion. Elle procure également l'avantage d'accélérer la première prise de parole et donc de crédibiliser l'institution émettrice.

2. La préparation des messages

Elle est la résultante de l'étape première du recensement matériel. Elle consiste à élaborer pour chaque crise potentielle répertoriée le message essentiel qui pourra alors être émis : que veut-on dire sur ce type d'accident ? Adopte-t-on une attitude positive ou défensive ? Comment l'événement a-t-il pu arriver ? S'est-il déjà produit ? Peut-il se produire à nouveau ? Quelles en sont les conséquences ?, etc.

dossier du presse !

La phase de préparation des messages peut s'effectuer ... manière légère ou approfondie. Dans la première hypothèse, l'organisation rédige sa position (*position paper*) sur le sujet, elle prévoit le cœur de son discours et les réponses aux principales questions pouvant lui être posées. Dans le second cas, l'entreprise prépare l'équivalent d'un dossier de presse. Ce dossier présente de manière plus complète l'ensemble des aspects de la crise : historique, technique, économique…

> Électricité de France est confrontée régulièrement en hiver à un phénomène de neige collante. Celle-ci s'agglutine autour des lignes électriques et, lorsque le poids des manchons de neige devient trop conséquent, la ligne électrique peut s'effondrer et, à l'exemple des dominos, entraîner une coupure d'électricité pour des territoires étendus. Ce phénomène bien connu des électriciens leur a permis de constituer un dossier présentant les aspects du problème : comment est-il apparu ? Combien de temps nécessitent les réparations ? Existe-t-il des solutions ? Quelle est la situation en Europe ?… Cela permet au communicant d'une unité EDF confronté à une crise comparable de compléter localement le dossier (lieu et instant de l'événement, nombre d'individus concernés, moyens utilisés). Cette approche rend possible l'envoi d'un dossier de presse dans les toutes premières minutes de l'événement. Le communicant local devient immédiatement l'interlocuteur incontournable et crédible.

La réalisation de ce type de document ne peut s'effectuer que sur des crises parfaitement prévisibles dans leur origine, leur déroulement et leurs conséquences. En dehors de cette hypothèse exceptionnelle, les crises n'arrivant jamais comme prévu, l'optique du dossier est utilisée comme un canevas d'écriture en fonction des scénarios anticipés. Les dossiers doivent être flexibles et relus périodiquement afin de mettre à jour les informations en fonction de l'évolution de la situation de l'entreprise et de son environnement. Dans toutes les hypothèses, il est préférable de toujours soigneusement relire le dossier avant son envoi afin d'affiner les informations, voire d'en modifier certaines.

3. La formation au discours

Il ne suffit pas de connaître son message, encore faut-il pouvoir le transmettre avec efficacité. Une formation à la prise de parole médiatique doit alors être envisagée. Ce *media training* concerne les deux aspects de la relation avec les médias selon que ceux-ci sont oraux ou écrits.

Dans la première hypothèse, l'accent sera porté sur la brièveté des déclarations, le rappel constant du cœur du message, l'utilisation d'image, la maîtrise de soi. Dans la seconde, la connaissance du sujet et la précision de propos seront les éléments centraux du discours.

L'apprentissage du discours médiatique permet de mieux appréhender les attentes de la presse et l'angle selon lequel le sujet peut être présenté. Il permet d'éviter les dérives traditionnelles du discours d'entreprise en situation de crise : la justification et la langue de bois. Il protège contre les écueils principaux que présentent certaines interviews, notamment par l'insistance sur la notion de recentrage sur l'objet de la crise et le message principal.

Cet entraînement doit être conçu par des professionnels externes. De nombreux journalistes acceptent d'effectuer des simulations que ce soit lors des exercices de crise, ou simplement lors d'entraînements spécifiques. L'utilisation d'appareils d'enregistrement (magnétophones, magnétoscopes) est essentielle, car elle procure l'avantage d'une auto-analyse plus objective.

La formation au discours médiatique doit être effectuée périodiquement pour les porte-parole désignés de l'entreprise. Selon le degré d'urgence, lors de l'émergence d'une crise, la réalisation d'un rapide *media training* juste avant l'interview officielle ou la conférence de presse, permet d'affiner le discours. Elle réduit également la déstabilisation éventuelle que procurerait la question non anticipée, en insistant sur l'attitude d'ouverture à adopter dans cette hypothèse.

4. L'organisation relationnelle

La connaissance des interlocuteurs est un préalable à l'édification des relations de confiance. Pouvoirs publics, élus locaux, riverains, milieu associatif, journalistes ; ces interlocuteurs douteront logiquement de tout discours émis par une organisation en crise. Le fait d'avoir établi antérieurement des relations solides contribue à réduire la part du soupçon. La crise se caractérise par l'urgence. Dans l'hypothèse où la confiance aurait pu s'installer,

les interlocuteurs externes auraient moins de motifs de rebou-
clage des informations, l'information pourrait être opérationnelle immédiatement. À condition, bien évidemment, que
l'antériorité de la relation se soit accompagnée de sa fiabilité !
L'organisation relationnelle s'effectue sur le schéma classique de
la définition des cibles en communication d'entreprise : autorités
de contrôle, clients, fournisseurs, actionnaires, associations, salariés... L'angle recherché est celui des attentes de ces interlocuteurs en situation de crise : en fonction de l'état initial de la
relation, comment ceux-ci réagiraient-ils face à une crise de
l'organisation ? Quels seraient alors les moyens utilisables pour
transmettre les messages ?

Cette étape peut être illustrée par trois exemples.

Les autorités de contrôle et les décideurs économiques ou politiques

Ils ont la légitimité pour intervenir et communiquer en situation
de crise. Leur connaissance des activités de l'entreprise permet
d'accroître la fiabilité des messages. La relation de confiance permet d'envisager la possibilité d'utiliser certains interlocuteurs
externes, répertoriés comme leaders d'opinion, comme relais
d'opinion des messages.

Les médias

La connaissance préalable des médias présente deux avantages
majeurs. En premier lieu, elle facilite la connexion. Le journaliste
connaîtra immédiatement l'interlocuteur interne à contacter, le
responsable de la communication aura les coordonnées de son
contact au sein des journaux. En deuxième niveau, cette
connaissance accroîtra la crédibilité de la transmission.

Le journaliste sait que le premier réflexe d'une entreprise en crise
est celui de l'évitement, de la justification et de la rassurance. Sa
connaissance de l'entreprise, la fiabilité du travail effectué par le
responsable de la communication interviennent alors comme
éléments modérateurs d'une dynamique d'amplification de la
crise. Le journaliste qui connaît son interlocuteur, qui sait que les
données qui lui sont transmises seront exactes, aura moins le
réflexe du doute systématique, voire de l'utilisation émotionnelle
de l'événement.

L'étape relationnelle peut être atteinte par le recensement des supports disponibles. Ainsi, pour une unité locale de production, le responsable de la communication repérera les différents journaux concernés. Comme la presse quotidienne régionale est relativement concentrée, qu'il est exceptionnel que plus de trois journaux coexistent régionalement et qu'au sein d'un titre trois ou quatre journalistes sont susceptibles d'écrire sur un type d'activité, cela signifie l'établissement d'une douzaine de contacts. Le correspondant local doit également être déterminé grâce aux signatures des articles. Les médias audiovisuels, France 3 notamment, les principales radios locales devront également être considérés.

Il est fréquemment recommandé à un responsable de communication nouvellement nommé en entreprise de contacter l'ensemble des médias afin de se faire identifier. Ce conseil est fondamental dans une logique d'anticipation des crises. La relation médiatique doit être créée et régulièrement entretenue.

Le public de voisinage

Le voisinage représente l'interlocuteur négligé de la communication d'entreprise. Dans une optique d'anticipation des crises, il s'agit d'une erreur d'appréciation, les riverains possédant deux caractéristiques essentielles. D'abord, la faculté de contribuer à l'éviter. Témoin d'un dérèglement suspect, fumée ou émission liquide, le riverain peut alerter immédiatement l'entreprise, voire même le responsable de la sécurité, de préférence à la gendarmerie, les pompiers ou la presse. Ensuite, parce que le traitement médiatique d'une crise locale de type pollution/environnement, s'effectue autour d'un dispositif de traitement de l'information appelé la trilogie des acteurs. Après l'introduction du journaliste, le reportage donnera la parole successivement au représentant de l'entreprise, à un interlocuteur externe (politique ou associatif) et enfin au public d'identification. Ce dernier peut être un salarié de l'entreprise, il est plus fréquemment un riverain. Le public de proximité présente dans ce schéma la faculté de favoriser l'identification, c'est-à-dire de permettre à chaque récepteur de s'identifier à cet interlocuteur (aspect humain de l'information). Le riverain bénéficie surtout de la crédibilité de son propos. N'étant pas suspect de défendre un intérêt partisan (le politique) ou d'être juge et parti (l'entreprise), sa parole apparaît d'autant plus efficace qu'elle bénéficie d'une image de neutralité que renforce la proximité (le témoignage) et l'identification. Le propos du riverain affirmant la prévisibilité de la crise sonnera comme un démenti redoutable à l'éventuelle panoplie d'outils sophistiqués de communication que pourra utiliser l'entreprise.

La notion de circuit relationnel est importante car elle se situe au centre d'un paradoxe de la communication de crise clairement mis en évidence par les études d'Anne Lalo sur la perception des risques majeurs en Isère (1990). Alors que le public déclare ne pas recevoir suffisamment d'informations de la part des entreprises, il affirme dans le même temps n'accorder aucun crédit aux informations que celles-ci pourraient lui transmettre. Sur une liste de 21 organismes susceptibles de fournir une information sur les risques d'accidents industriels, les entreprises ne recueillent que 14 % de taux de confiance, ce qui les place en dernière position sur la liste. La crédibilité est fournie par la conjonction des trois éléments : la compétence, l'indépendance et le sens de l'intérêt général. Les interlocuteurs recueillant la crédibilité maximale sont alors les médecins (55 %), les associations de protection de l'environnement (58 %) et les scientifiques (60 %). En première position, avec 74 % de taux de confiance, apparaît l'interlocuteur qui cumule l'image de bénévolat, de compétence, de neutralité et de proximité : le pompier.

Cet exemple illustre le fait que sur certains thèmes, la parole de l'entreprise sera suspecte quel que soit son contenu. Sur une crise liée aux émissions des téléphones portables ou à la listeria, la parole des producteurs aura une crédibilité minimale car considérée comme liée à des intérêts économiques et financiers. Dans cette hypothèse, il peut être estimé préférable de suggérer des prises de position d'organisations comme le comité national d'hygiène publique, l'INSERM, le CNRS, ou encore d'une personnalité prestigieuse d'une faculté de médecine... L'entreprise doit répondre aux sollicitations externes mais elle a intérêt à élaborer une stratégie d'alliance pour relayer ses messages avec une crédibilité plus élevée.

Chapitre 3

Les stratégies
de communication de crise

Les stratégies de réponse à la crise sont multiples. Plusieurs variétés de positionnement existent entre l'approche dynamique et défensive. Encore convient-il préalablement de s'interroger avec pertinence sur les paramètres du choix.

I. LES PRÉALABLES AU CHOIX D'UNE STRATÉGIE

Sur la base d'un premier travail réalisé par Jean-Pierre Piotet (1991), plusieurs éléments peuvent être retenus.

1. Le seuil de crise

L'entreprise est-elle confrontée à une situation grave mais plus ou moins surmontable ou doit-elle faire face à un phénomène catastrophique ? Certes, la limite est floue et la crise naît parfois d'une situation grave pour laquelle l'absence de réaction adaptée sera la cause déterminante de l'entrée en crise.

Emmanuelle Tran Thanh Tam (1996) a recensé quelques éléments dont la réunion indique la probabilité d'un phénomène médiatique de crise :

– il s'agit d'un sujet concret pouvant toucher le grand public dans son quotidien ;
– le sujet fait partie des thèmes de société médiatisés ;
– la situation concerne ou peut concerner un grand nombre de personnes ;
– il y a des victimes innocentes ;
– l'entreprise, la marque, le produit est connu ;

– l'événement est l'énième d'une série ;
– des doutes subsistent sur l'origine des problèmes ;
– des rumeurs ou informations contradictoires circulent.

D'autres éléments peuvent être considérés : l'impact sur le chiffre d'affaires, la menace de réglementation, d'OPA hostiles, de poursuites judiciaires...

La crise provient étymologiquement du grec *krisis* signifiant tout à la fois juger et décider. C'est d'ailleurs la définition proposée par le sociologue Edgar Morin : « crise signifie indécision : c'est le moment où, en même temps qu'une perturbation surgissent les incertitudes ». La première décision porte sur la reconnaissance de la crise. Certaines situations ne nécessitent pas la mise en place d'un dispositif organisé de réaction à la crise.

> La controverse sur la nocivité des ondes émises par les téléphones portables ne met pas Orange dans une situation de crise. La forte utilité du produit, le caractère volontaire de l'exposition, l'absence de relations cause-effet scientifiquement avérée, n'impliquent pas une prise de position trop forte de l'entreprise. En voulant rassurer, celle-ci risquerait de semer le doute, d'amplifier la polémique et d'accélérer l'éventuelle entrée en crise. La reconnaissance des éléments constitutifs d'une crise est le préalable à toute gestion opérationnelle de celle-ci.

2. La connaissance du sujet

Si dès l'origine de la crise, l'entreprise concernée possède l'ensemble des informations relatives aux causes et conséquences de la crise, elle peut se positionner clairement sur un type de messages. Les premières interrogations médiatiques concernent généralement l'origine de la crise et son impact notamment sanitaire et environnemental. Le fait d'avoir pu identifier la cause de l'événement et délimiter ses conséquences permet d'appréhender rapidement la construction du dispositif de communication. Cela concourt à éviter l'impression d'hésitation, voire de contradiction dans les messages, qui caractérisent l'entrée en crise de nombreuses organisations.

> Les 18 et 19 décembre 2009, près de 2 000 voyageurs furent coincés près de 14 heures dans l'Eurostar dans le tunnel sous la Manche. La quasi-absence de toute information sur les causes et les conséquences de l'accident contribuèrent à la forte colère des clients et donc à la médiatisation de l'événement.

3. Les risques encourus

L'ampleur de la menace met-elle en danger l'entreprise ? Total réalise 73 % de son chiffre d'affaires à l'étranger, Axa 75 %, Michelin 85 %, l'hypothèse peut être avancée qu'une entreprise réalisant plus des $3/5^e$ de son chiffre d'affaires à l'étranger peut se permettre une gestion de crise plus aléatoire. Lorsque la crise exerce ses effets principaux sur une opinion publique nationale, le risque encouru est accru par rapport aux situations d'entreprises répartissant les enjeux sur de nombreux états et hiérarchisant comme cœur de cible les orientations du marché financier international.

Le risque peut également sembler réduit en raison du calendrier. Une crise apparaissant à quelques jours d'un événement majeur (conflit, élection, finale sportive) pourrait voir sa médiatisation rapidement s'amenuiser. Les crises coexistent difficilement et l'on considère plutôt qu'une crise chasse l'autre. Ainsi, l'affaire Méry relative aux fausses factures du BTP en Île-de-France au profit principal du RPR, s'est rapidement réduite en janvier 2000 lors de la découverte d'un réseau de ventes d'armes en Angola et de l'implication éventuelle de Jean-Christophe Mitterrand. *A contrario*, la période estivale apparaît comme propice à l'apparition de crises en raison de l'éloignement de nombreux décideurs et du vide dans l'actualité médiatique.

Le risque encouru peut également se traduire positivement. Par une stratégie adaptée, souvent basée sur l'offensive, certaines entreprises réussissent à faire de la crise une opportunité de développement.

4. La médiatisation

Le type de presse et l'angle de l'article à l'origine de la révélation agissent sur le choix de la réaction. Dans l'hypothèse où un événement serait relaté en brèves dans un journal local de faible tirage, il n'est pas certain qu'il faille réagir par un communiqué à l'AFP et aux principales chaînes de télévision. Cela doit alerter l'entreprise, l'inciter à réunir une cellule de crise et à travailler ses argumentaires. La réaction inverse risque d'avoir pour effet de

Tableau 3.1. *La crise : une opportunité ?*

Entreprise concernée	Année	Enjeu	Conséquences immédiates	Stratégie	Résultats
Johnson & Johnson	1982	Pastille de cyanure dans un médicament, le Tylénol	Retrait du produit	Transparence Rassurance Offensive	Confirmation de marque leader et innovante
Lyonnaise des Eaux	1997	Dépassement du taux de nitrate dans l'eau potable (Bretagne)	L'entreprise devient la cible des associations de consommateurs et de protection de l'environnement	Contre-attaque : l'entreprise dépose un mémoire devant les tribunaux pour une action en responsabilité contre l'État	Arrêt de la crise. Amélioration forte de l'image médiatique
Festina	1998	Révélation de cas de dopage dans l'équipe du tour de France	Retrait de l'équipe. Instruction judiciaire	Dissociation/coureur leader (Virenque). Opération mains propres (charte contre le dopage). Stratégies des alliés	Accroissement de notoriété : attribution du produit l'horlogerie à la marque
EDF	1999	Effondrement du réseau électrique en raison des tempêtes	Attaques sur la faiblesse de l'enfouissement des lignes électriques	Communication par la preuve, la proximité et le relais d'opinion	EDF devient l'entreprise préférée des Français

créer une crise nationale majeure là où la presse locale n'y voyait qu'un simple accident.

La réputation du support est également un paramètre. Si un journal extrémiste annonce un scandale majeur au sein d'une organisation, il n'est pas évident que le démenti soit efficace. À considérer seulement la légitimité de ce type de presse, il est exceptionnel que les informations révélées soient reprises ultérieurement dans la presse généraliste. De nombreux journaux à scandale se satisferaient d'une réaction indignée pour la seule publicité qui leur serait occasionnée. Un article, voire un dossier négatif dans un journal partisan ou à faible crédibilité informative n'implique pas la réaction automatique de l'organisation en cause. La révélation d'un scandale dans *L'Echo des Savanes* peut être négligée, la brève publiée par *Le Canard Enchaîné* doit aussitôt entraîner la réunion d'une cellule de crise.

5. Le déroulement prévisible de la crise

Si dès l'origine, l'entreprise possède une somme de connaissances importantes sur les causes, les responsabilités, les conséquences, dans l'hypothèse où le scénario le plus probable serait celui d'une durée réduite de la crise (accident technologique aux conséquences limitées), alors le choix d'un message émis par le plus haut niveau de l'entreprise peut être envisagé. *A contrario*, lors des crises à visibilité réduite où de nombreux bouleversements ou révélations sont à prévoir (enquête judiciaire, multiplicité des intervenants…), la sauvegarde de l'image du président de l'entreprise est recommandée. Un conflit social majeur qui paralyserait de multiples activités devrait plutôt être animé sous l'angle de la communication par le directeur des ressources humaines afin de protéger l'image du président.

6. Le partage des responsabilités

Bien évidemment, la première interrogation de l'entreprise en cause porte sur sa responsabilité. Le fait qu'une organisation soit responsable de l'événement est le paramètre majeur de tout choix stratégique. Des rumeurs ou tentatives de désinformation destinées à déstabiliser une entreprise entraîneront des réactions différentes par rapport au cas où l'entreprise serait identifiée, preuve à l'appui, comme le responsable unique.

Plus ambigus sont les phénomènes de responsabilité collective. Lorsqu'à la suite de l'affaire du match OM-VA (1993), Bernard Tapie tente de généraliser l'image de la corruption à l'ensemble des clubs français, il est clair que ceux-ci n'avaient aucun intérêt à réagir. Le piège tendu était justement que d'autres clubs s'expriment sur le sujet de manière à réduire la pression médiatique sur l'OM.

Autre exemple : si *Le Monde* publie un dossier complet sur les fausses factures du BTP ou les achats de permis d'implantation pour les hypermarchés, mais que, dans ces deux hypothèses, aucune entreprise ne soit nominativement citée, dans ce cas il n'est peut-être pas opportun de répondre aux attaques. Même si l'entreprise concernée est totalement innocente, le fait d'être assimilée à un scandale plus vaste en devenant porte-parole d'une activité risque de dégrader l'image. Une réaction au niveau de la fédération professionnelle est préférable. La seule hypothèse où une réaction est envisageable, c'est lorsqu'une entreprise est identifiée sans être nommée. Une entreprise qui dominerait fortement son secteur d'activité, à l'exemple de Bouygues pour le BTP, serait implicitement perçue comme responsable. Sans même qu'elle soit citée, le lecteur assimilerait l'entreprise leader aux dérives décrites dans l'article.

7. Le jeu des acteurs

Les concurrents peuvent-ils envisager de profiter de la situation pour accroître leur image en se distinguant de l'entreprise en crise ? Ou pensent-ils préférable de ne pas réagir sachant qu'une crise comparable est susceptible de les concerner ultérieurement ? Pepsi pouvait-il profiter de l'affaire de la dioxine de Coca-Cola, Adidas des attaques sur le management asiatique de Nike, Quick des critiques nationalistes envers McDonald's ? Cette question est importante, car elle détermine l'ampleur de la crise, sa durée et les intérêts en cause.

Le repérage des acteurs doit également s'exercer sur les alliés de l'entreprise. La possibilité de présenter un front uni, de faire relayer les messages par certains partenaires de l'entreprise, les clients, les fournisseurs, les fédérations professionnelles, les unions patronales, certains scientifiques, certaines associations, tout cela crée un faisceau de discours autour d'un même message et donc renforce ce discours quantitativement (le nombre des alliés) et qualitativement (la crédibilité du propos). Dans certaines activités, le jeu des acteurs conduit à exclure toute prise de parole par le simple pouvoir de tutelle administratif. Ainsi, un accident concernant une direction régionale de l'équipement serait traité directement au sein de la cellule de crise mise en place par la préfecture du département.

8. Le temps

La crise se caractérise par l'accélération du temps de la décision, par la montée soudaine des pressions, par l'urgence. En conséquence, les flux d'informations s'embouteillent et il devient délicat de distinguer l'essentiel de l'accessoire. Chaque interlocuteur souhaite obtenir l'information privilégiée, le journaliste recherche le *scoop*, le public interne admet difficilement que ce soit la presse qui lui fournisse des informations concernant l'existence même de son entreprise. Pourtant, lorsque l'urgence est impérative et que les médias sont aux portes, il n'est guère envisageable de leur refuser l'information sous prétexte qu'un principe de base de la communication d'entreprise exige d'informer prioritairement l'interne avant toute communication externe. La crise implique quelques entraves que le personnel de l'entreprise peut comprendre lors de circonstances exceptionnelles.

II. LE CHOIX DES MESSAGES

L'entreprise en crise évolue entre deux grands types de discours, celui de la reconnaissance et celui de l'évitement. Entre ces deux extrêmes figure toutefois une gradation importante et les frontières sont parfois assez floues. Une entreprise peut reconnaître sa responsabilité tout en minimisant son rôle. À l'inverse, elle peut refuser d'assumer une crise en acceptant une responsabilité antérieure. Le discours de crise ne se réduit pas à une bipolarité univoque entre l'acceptation et le refus. Plusieurs auteurs ont ainsi proposé une typologie des stratégies.

Un premier travail mené en 1986 par Patrick Lagadec a conduit à considérer trois lignes de réponses :

– la transparence, basée sur une information claire et complète ;
– la discrétion, caractérisée par la mesure entre ce qui est communicable et ce qui ne l'est peut-être pas immédiatement ;
– la dissimulation, ou choix de l'information zéro.

En 1991, Jean-Pierre Piotet a proposé un classement autour de cinq types de stratégies, chacune conduisant à une émission spécifique de discours :

– le front du refus : ce n'est pas vrai ;
– l'abonné absent : *no comment* ;
– le bouc émissaire : ce n'est pas moi, c'est lui ;
– l'acceptation : c'est moi, mais ;
– l'amalgame : il n'y a pas que moi.

Marie-Hélène Westphalen (1997) présente une typologie autour de cinq ripostes possibles :

– le silence : ne pas réagir, délivrer le minimum d'informations ;
– l'offensive : nier la crise, chercher à retourner l'opinion ;
– le transfert : reporter des responsabilités sur autrui (salarié, agence, fournisseur) ;
– la reconnaissance : l'entreprise avoue sa faute et collabore avec les médias ;
– la discrétion maîtrisée : lâcher progressivement des éléments d'information.

S'attachant davantage à l'angle, voire à la tonalité du discours, Marie-Noëlle Sicard reconnaît trois stratégies discursives :

– le didactisme qui fonctionne sur un savoir partagé ;
– le récit fictionnel qui invite le récepteur à partager une émotion ;
– la contamination qui opère par analogie avec un événement voisin.

La récente amplification des cas de communication de crise permet d'apporter un éclairage nouveau par une approche plus détaillée.

1. Les stratégies de la reconnaissance

L'acceptation de la responsabilité par l'entreprise est fréquemment envisagée sous l'angle de la théorie des jeux. L'entreprise calcule les probabilités de prolongement de la crise, elle envisage l'investigation judiciaire ou médiatique et sa capacité à démontrer son rôle. Parallèlement, elle parie sur l'efficacité de l'acte de reconnaissance et sa potentialité de désamorçage du conflit.

La stratégie de la reconnaissance se fonde sur un pari, celui de la possibilité d'acquérir des circonstances atténuantes, voire même d'accroître son capital image.

La reconnaissance par Gilbert Trigano dans le *crash* d'un avion affrété par le Club Méditerranée et celle de la SNCF dans les accidents ferroviaires du milieu des années 80 furent exemplaires de la réussite de cette stratégie. La communication accompagnant le retrait des insecticides Baygon en 1994 démontre la capacité d'une entreprise, le groupe Baygon, à positiver une décision de retrait basée sur le défaut de fabrication. Plus récemment, la reconnaissance immédiate de responsabilité du groupe Shell à la suite du naufrage du Ievoli Sun (30 octobre 2000), contrastant avec l'attitude plus ambiguë de Total sur celui de l'Erika (12 décembre 1999) a généré pour le premier une perception positive de son rôle d'entreprise citoyenne. Dans un domaine connexe, celui du sport, lorsque C. Bietry, président du PSG annonce sa démission expliquée par son seul échec personnel, « je ne jouerai pas sur les mots, je suis responsable et coupable », l'attaque externe en responsabilité dirigée contre lui perd tout fondement puisqu'il se présente immédiatement en jugement. Les commentaires qui suivront loueront son courage et chercheront derrière les mots les réels déterminants de cette décision.

Pour prétendre à l'efficacité, la stratégie de la reconnaissance doit remplir plusieurs conditions.

Elle doit d'abord être ferme et s'accompagner de mesures explicatives. Perrier fournit à l'occasion de la crise du benzène (1990) le contre-exemple d'un retrait annoncé sans qu'aucune responsabilité ne soit reconnue. Les effets en termes de chiffre d'affaires ou de parts de marché, réels indices en matière de réussite en communication de crise, seront d'ailleurs particulièrement négatifs.

Dans le même esprit, le retrait de la classe A (1997) amène le groupe Mercedes à retirer son dernier produit tout en ne reconnaissant aucune responsabilité, l'essentiel de la communication consistant alors à dénoncer les conditions du test ayant servi de base à la médiatisation et à utiliser la théorie du complot.

La reconnaissance doit être rapide. Lorsque le 27 novembre 1998, un incident de niveau zéro sur l'échelle des incidents nucléaires, affecte la centrale nucléaire de Golfech, la première réaction des médias est l'étonnement devant le fait que le communiqué de presse annonçant ce problème n'ait été publié que 4 heures après la survenance du problème. L'explication consistant à convaincre qu'en période de crise, il est préférable de concentrer l'ensemble des moyens pour résoudre le problème plutôt que de communiquer, n'est guère crédible devant la suspicion d'avoir voulu dissimuler l'événement.

Si la stratégie de la reconnaissance peut être totale (acceptation de responsabilité directe et entière), elle est le plus fréquemment partielle et emprunte alors de multiples voies :

– la bonne foi et la naïveté permettent à une organisation ou à un individu de reconnaître ses responsabilités sans apparaître coupable. Cette stratégie, utilisée récemment dans les affaires de corruption ou de dopage, doit être parfaitement adaptée pour être active ; à défaut elle risque au mieux l'inefficacité, au pire la dérision : « à l'insu de mon plein gré » ;
– l'amalgame. L'entreprise assume, mais élargit le cercle des responsables en universalisant la culpabilité. Utilisée par des entreprises se positionnant sur d'importants contrats à l'exportation ou sur des marchés liés aux collectivités locales, cette stratégie recherche la diminution de la responsabilité en la généralisant à l'ensemble des acteurs ;
– la dissociation de l'entreprise et de ses hommes. Cette stratégie consiste à déconnecter le nom ou la marque des responsables de la crise. C'est ainsi que de nombreuses affaires financières (corruption, fausses factures, détournement de fonds, trafics en tout genre) sont souvent présentées à l'extérieur. En mettant l'accent en janvier 2008 sur la responsabilité d'un de ses traders à l'origine d'une fraude importante, la banque a réussi à nommer la crise « l'affaire Kerviel » plutôt que « l'affaire Société Générale ». L'organisation reconnaît l'exis-

tence du problème mais le range dans le domaine de la vie privée de ses salariés. Cette stratégie est également susceptible de concerner la tête de l'entreprise. Ainsi, Électricité de France s'est totalement démarquée des problèmes rencontrés par son président, Gilles Ménage (1992-1994), suspecté d'avoir eu un rôle majeur lors des écoutes téléphoniques de l'Élysée. La SNCF, présidée par Loïk Le Floch Prigent fut confrontée à la même difficulté.

La stratégie de l'acceptation apparaît la plus efficace. Elle reste néanmoins peu utilisée en raison de nombreuses contraintes internes à l'entreprise. Sa modalité la plus fréquente consiste alors en une responsabilité ambiguë (responsable mais pas coupable), ponctuelle (responsabilité non unique) et recherchant trop directement les circonstances atténuantes.

2. Les stratégies du projet latéral

La pensée latérale consiste à déplacer le point de vue du problème à résoudre afin de l'aborder sous un nouvel angle. À l'instar du management latéral, cette stratégie s'applique à la communication de crise sous quatre aspects.

• Le déplacement du lieu de débat

La méthode a été particulièrement employée par les assainisseurs confrontés aux accusations de corruption. Face à la médiatisation croissante des attaques liées au marché du traitement de l'eau sur le secteur des collectivités locales, la Générale et la Lyonnaise des Eaux ont appliqué la même stratégie. La réponse aux attaques était minimale. D'abord, l'approche ne pouvait être que défensive, ensuite de nombreux faits étaient avérés — le marché de l'eau à Grenoble notamment – enfin de nouvelles affaires étaient susceptibles de surgir. Parallèlement, les deux entreprises se sont lancées dans une vaste campagne de communication sur un élément inattaquable : l'éthique pour la Lyonnaise des Eaux, la solidarité pour la Générale des Eaux. La Lyonnaise des Eaux a promulgué une charte éthique pour l'ensemble de son personnel, la Générale des Eaux a créé une des fondations les plus importantes pour la solidarité et désigné un responsable éthique au sein de son management central. Chacune de ces décisions a donné lieu à une campagne de presse et à de nombreux encarts publicitaires.

En somme, il s'agissait de déplacer le lieu de communication pour passer d'une zone défensive vers un lieu où la communication pouvait se positiver sur un thème valorisable. En référence au jeu de go, la zone faible était abandonnée afin de densifier les cases fortes et permettre une occupation maximale du terrain, en l'occurrence, un bilan positif en termes d'image globale.

• La stratégie de la contre-attaque et la rhétorique du complot

Dans le domaine de la communication de crise, la rhétorique du complot, déjà présentée par Aristote, consiste, à l'exemple de la précédente, à ne pas répondre sur le fond, mais à détourner les attaques vers d'éventuels organisateurs sur le thème : « Chercher à qui le crime profite. » Un des exemples de cette stratégie fut utilisé en juillet 1994 par Pierre Suard alors président d'Alcatel et accusé d'avoir détourné à son usage exclusif l'argent de son entreprise. En l'espèce, il s'agissait du paiement de travaux effectués à son domicile. L'argumentation consiste à crédibiliser un probable complot émanant des concurrents du groupe Alcatel et visant à réduire la légitimité et l'image de l'entreprise, au moment où celle-ci était confrontée à d'importants projets à l'exportation. La culpabilité de Pierre Suard était reléguée au second plan derrière l'enjeu essentiel de la puissance du groupe, de sa réussite commerciale et ainsi de la défense de l'emploi en France.

Cette stratégie du complot consiste souvent en un renversement des rôles permettant de positionner en victime la personne ou l'organisme accusé.

Valable en milieu économique très compétitif, cette stratégie est particulièrement employée en réponse au développement de rumeurs négatives. Elle est donc amenée à s'accroître en liaison avec la multiplication des *news group* sur Internet qui permettent de propager des informations rapidement et anonymement. Le rôle de Total en Birmanie, la fiabilité des Airbus... furent ainsi relayés et amplifiés sur les forums de discussion électronique, l'existence réelle du complot est généralement improuvable même si elle apparaît conforme aux pratiques traditionnelles de la guerre économique.

• L'accusation externe

Elle consiste à détourner l'attention sur une tierce partie. Les applications les plus fréquentes de cette stratégie concernent les points suivants.

La stratégie hiérarchique

Elle consiste, pour un individu, à minimiser son rôle et à mettre en exergue les réels décideurs. Le procès de Nuremberg apporta une illustration caricaturale de cette démarche. C'est ainsi que des ventes d'armes à l'Iran auraient été autorisées par les pouvoirs publics (affaire Luchaire, novembre 1987), des produits dangereux exportés vers le tiers monde sous couvert d'une autorisation administrative (Mérieux, 1992), l'exploitation d'une raffinerie dont l'explosion d'une unité causa 4 morts et plusieurs blessés s'est déroulée « en conformité absolue avec la réglementation française et européenne en la matière » (Total – La Mède, 1992), des déchets ont été entreposés conformément à la loi (Cogema, 1999). Accusé d'une gestion douteuse des activités de la MNEF, son ancien directeur général contre-attaque en arguant de la responsabilité de l'État dans les dérives financières. « MNEF : Olivier Spithakis se défend en accusant les pouvoirs publics », *Le Monde*, 24/10/1999.

La stratégie du pire

Elle peut être utilisée pour détourner les médias d'un sujet en leur suggérant une piste d'investigation plus prometteuse. Elle fut notamment utilisée par Bernard Tapie après la découverte de la corruption lors d'un match de football entre l'OM et l'équipe de Valenciennes. Un élément de défense fut de proclamer que l'éventuelle corruption de ce match était minime comparée à celle pratiquée habituellement par le club des Girondins de Bordeaux.

La stratégie de la piste annexe

Sans renier sa responsabilité, l'entreprise tente ici d'ouvrir un second front de lutte en élargissant le champ des interlocuteurs concernés. L'objectif est de réduire relativement la pression médiatique sur une cible par l'annonce d'autres responsables. Lorsque Christine Deviers-Joncour demande une audition au PDG de Thomson, la stratégie sous-jacente est claire et lui

amène d'ailleurs aussitôt la question d'un journaliste du *Monde* :
« Voulez-vous transformer l'affaire Elf en affaire Thomson ? »

Cette stratégie s'accompagne d'un travail sémantique sur la qua-
lification de la crise. Elle vise à gommer une notoriété d'entreprise au profit d'une nomination générique de la crise. La crise à
laquelle fut confrontée La Lyonnaise des Eaux en 1995 en raison
de la baisse de qualité de l'eau potable en Bretagne est devenue
« l'affaire des nitrates » après que l'entreprise a déposé le 23 janvier 1997 un mémoire au Tribunal administratif de Rennes pour
une action en responsabilité contre l'État. Dans la même lignée,
l'affaire Elf est devenue l'affaire Dumas et l'effondrement du
réseau électrique au Québec qui aurait pu devenir l'affaire
Hydro-Québec fut baptisé « la crise du verglas ».

La stratégie de l'évitement du pire

Le discours vise à obtenir un effet d'apaisement et de soulage-
ment par la comparaison entre un impact évité présenté comme
catastrophique et l'événement en soi ainsi minimisé par la mise
en perspective de l'évitement du pire. La crise est positivée en
comparaison d'une catastrophe potentielle. Elle s'applique
autant à des organisations qu'à des individus. La marée noire de
l'Olympic Bravery le 24 janvier 1976 au large des côtes d'Oues-
sant fut ainsi présentée positivement, puisque l'essentiel du
pétrole fut confiné dans les cales du navire ; la marée noire fut
donc fortement réduite.

3. Les stratégies du refus

L'absence de reconnaissance en matière de responsabilité n'équi-
vaut pas au rejet total de communication et ne s'accompagne pas
automatiquement des explications nécessaires à la justification de
cette position. Cette stratégie présente cinq figures principales.

• La stratégie de la dénégation

Elle consiste à nier la responsabilité et à rejeter les accusations.
Mis en examen le 11 janvier 1999 pour « mise en danger de la
vie d'autrui », le PDG de la Cogema fait diffuser un communiqué de presse « contestant formellement avoir abandonné,
déposé ou fait déposer des déchets dans des conditions contraires
à la loi ».

À moins d'être au-dessus de tout soupçon dûment fondé, cette stratégie est dangereuse. La moindre divulgation ultérieure risque de décrédibiliser durablement l'entreprise reconnue alors coupable au double titre de sa responsabilité et de son mensonge. Confrontée à l'explosion d'un avion au-dessus de Lockerbie (Écosse, 21 décembre 1988) ayant entraîné le décès de 270 personnes, la compagnie Pan Am a d'abord déclaré n'avoir pas été informée de menaces terroristes quelconques, jusqu'à ce qu'il fût révélé que l'ensemble des compagnies aériennes opérant en Europe, dont la Pan Am, avaient reçu cet avertissement. Les messages émis ultérieurement risquent d'être alors sérieusement mis en doute.

C'est la raison pour laquelle les stratégies du déni s'effectuent le plus fréquemment de manière ponctuelle. L'entreprise reconnaît sa responsabilité à l'origine de l'événement critique mais refuse de convenir des impacts. L'échouage, le 24 mars 1989, du pétrolier Exxon Valdez au large des côtes de l'Alaska a amené la compagnie à déclarer que « tout est sous contrôle » alors même que plusieurs milliers de tonnes de pétrole continuaient à s'échapper des cuves du navire.

• La stratégie du silence

L'entreprise refuse de communiquer sur le sujet. Elle parie sur la faible durée de la pression médiatique et sur la croyance relevée par Jean-Pierre Piotet que « faute de combustible, le feu s'éteint ». Elle se décompose en deux catégories :

– *le silence originel* : lorsque l'entreprise escompte la non-divulgation de l'événement, voire même n'en saisit pas la nécessité en termes de crédibilité ultérieure. L'accident de Seveso, le 10 juillet 1976 en Italie, eut pour conséquence la propagation d'un nuage de dioxine sur plusieurs dizaines de kilomètres sans que la population n'en soit informée. La fission de la cuve d'un des réacteurs de la centrale nucléaire de Three Mile Island, à quelques kilomètres de Harrisburg (6 000 habitants) le 28 mars 1979, ne fut communiquée à la presse qu'à la suite d'un hasard. L'explosion le 26 avril 1986 du réacteur RBMK n° 4 de la centrale de Tchernobyl ne fut révélée que 24 heures plus tard par les autorités suédoises ;

– *le silence postérieur* consiste, après la médiatisation de l'événement, à refuser toute communication. L'entreprise envisage chacune de ses informations comme des éléments risquant d'apparaître provocateurs et participant à nourrir une spirale de polémiques publiques qu'il convient de désamorcer dès l'origine. Cette stratégie peut s'expliquer sur des sujets hautement sensibles sur lesquels l'entreprise risquerait effectivement un retour d'image négatif. Accusé d'être responsable de la mutilation d'un individu à la suite d'une explosion consécutive à l'emploi d'un insecticide d'une de ses marques, le groupe Reckitt et Coleman a réduit toute communication externe, préférant la recherche d'une entente directe avec la victime. Ce choix peut également être effectué dans une volonté de minimiser l'événement. La SNCF n'a ainsi pas répondu à la publication d'un ouvrage particulièrement critique : *SNCF, la machine infernale*, en mars 2004, tout comme Orange en octobre 2009 avec la publication d'*Orange stressé* ou en avril 2010 avec celle de *Pendant qu'ils comptent leurs morts,* ou le groupe Total suite à la parution du livre *Total impunité* en février 2010.

Dangereuse, la stratégie du silence peut être envisagée sous certaines conditions :

– *une actualité chargée*. Lorsque des événements extérieurs cristallisent l'attention médiatique, une situation pouvant apparaître critique peut rester dans une zone de discrétion. En janvier 1991, une crise émergea en Grande-Bretagne à la suite de la découverte de listeria dans le pâté et le fromage, et de salmonelle dans les œufs. Un rejet total de ces aliments se prépara. « Puis Saddam Hussein envahit le Koweït. » Soudainement, l'hystérie collective fut dirigée vers « le boucher de Bagdad et la guerre du golfe. Chacun oublia les peurs alimentaires et retourna manger du bœuf, des œufs et du pâté » (Bland, 1998). De même, il est envisageable qu'une affaire de fausses factures qui auraient été découvertes durant la coupe du monde de football n'aurait pas fait l'objet d'un traitement médiatique majeur. Le 26 décembre 2004, une explosion au gaz entraîne l'effondrement d'un immeuble à Mulhouse et cause la mort de 17 personnes. Ce qui aurait pu être une crise de premier ordre pour Gaz de France est largement éclipsé par une autre catastrophe, celle du tsunami qui se produit le même jour au large de l'Indonésie. À l'inverse, les longs week-ends ou les périodes de congés scolaires sont propices à la mise en lumière d'accidents ou de scandales divers, cela pour une raison purement quantitative de réduction d'événements susceptibles de médiatisation ;

– *un secret bien gardé*. Lorsqu'une affaire peut être jugulée dans le sens où toute fuite d'information vers l'externe est impossible, aucune découverte ultérieure ou rebondissement n'est à prévoir, lorsque l'impact de la crise est parfaitement délimité et ne concerne qu'un faible nombre d'acteurs, alors l'hypothèse est envisageable. Elle peut l'être également si la médiatisation reste faible et limitée à un titre de la presse quotidienne régionale ou si aucune investigation judiciaire n'est engagée. Parier sur le secret à l'heure de la transparence généralisée peut s'avérer risqué.

> Début 2010, Toyota fut obligé de retirer 6 millions de véhicules aux États-Unis et 2 millions en Europe, en raison de défauts liés aux pédales d'accélération et de freinage. Le PDG, Akio Toyoda, présenta ses excuses publiques, le 30 janvier 2010. La découverte que le problème avait été identifié dès mars 2007 sans avoir été traité a fortement amplifié l'intensité de cette crise.

> La révélation en juin 2010 que des signaux d'alerte importants annonçaient la potentielle explosion de la plate-forme *Deep Water Horizon* au large des côtes de Louisiane, a fortement réduit la crédibilité du groupe BP.

– *un héraut externe*. Une profession ou une activité est attaquée sans qu'aucune entreprise ne soit visée nominativement. Dans l'hypothèse où une entreprise accepterait de porter seule la défense de la profession, les autres peuvent envisager de rester dans une zone d'ombre afin de ne pas exposer leur marque. Le groupe Rhône-Poulenc s'est ainsi aventuré seul en 1989 dans « la guerre des phosphates » afin de défendre leur utilisation dans les détergents. Le risque d'apparaître comme défenseur d'un produit réputé polluant a conduit d'autres fabricants à une forte discrétion, cela d'autant plus que Rhône-Poulenc avait engagé une communication très offensive (publicités télévisuelles, affichage 4 × 3, etc.) ;

– *une source d'accusation non crédible*. Une affaire quelconque révélée par un média connoté extrémiste politiquement, ou habitué à la publication de pseudo scandales peut ne pas conduire à une réaction de l'entreprise, celle-ci tablant sur la faible crédibilité de la source de l'information.

> Lorsque TF1, confronté à une forte baisse d'audience en raison du phénomène « Loft Story », attaque M6 en raison d'atteinte à l'éthique et à une certaine conception du rôle de la télévision, M6 peut se permettre de ne pas répondre. L'absence d'image éthique clairement attribuée à TF1 empêche ses critiques de bénéficier d'une crédibilité suffisante. Sauf à considérer que la polémique puisse renforcer encore davantage une notoriété, la stratégie du silence peut ici également être utilisée.

• La stratégie du bouc émissaire

L'axe principal de cette défense repose sur la désignation d'un coupable clairement identifié et cela de manière interne à l'organisation. Elle se différencie en cela de la stratégie du complot ou de l'accusation externe et se rapproche de la théorie politique du fusible, consistant à sacrifier publiquement un pseudo-coupable dans l'objectif de protéger les dirigeants. C'est ainsi qu'en 1985, le ministre de la Défense, Charles Hernu, fut utilisé lors de l'affaire du Rainbow Warrior, que Bernard Tapie (mai 1993) tenta de responsabiliser son entraîneur à l'OM, Jean-Pierre Bernes, qu'Airbus essaya de décharger sa responsabilité technique lors de la catastrophe du Mont Sainte-Odile (1988) en focalisant sur une manœuvre intempestive du pilote et que la Société Générale accusa son trader coupable d'une fraude exceptionnelle d'être un « terroriste » (2008). Dans un domaine où les intérêts économiques et financiers sont considérables et la concurrence aussi féroce, il apparaît « logique » de protéger une réputation de fiabilité quitte à sacrifier publiquement un individu. La stratégie fut employée pareillement par le Comité international olympique. Confronté à d'importantes accusations de corruption sur l'attribution des Jeux olympiques à Salt Lake City en 2002, le président du CIO décida de prouver sa prise en charge du problème et sa volonté déontologique en excluant six de ses membres. *Le Monde* du 26 janvier 1999 put ainsi titrer : « Pour sauver la face, le mouvement olympique sacrifie six des siens. » La même procédure de licenciement sélectif fut reconduite en août 2004 après la diffusion d'un documentaire de la BBC concernant les pratiques occultes liées à l'attribution des JO de 2012.

> **Le bouc émissaire**
>
> L'image du bouc émissaire provient d'un ancien rite juif consistant à transférer sur un bouc l'ensemble des péchés d'Israël puis à le chasser dans le désert. Son expulsion était censée améliorer les relations dans la communauté ; « L'efficacité du rite consistait à penser que les péchés étaient expulsés avec le bouc et que la communauté en était débarrassée » (René Girard, *Je vois Satan tomber comme l'éclair*, Paris, Grasset, 1999, p. 238).

Ce modèle est également employé dans le domaine de la crise sociale, notamment par des entreprises dans lesquelles l'impact d'une grève sur les clients peut être considérable. Il est utilisable lorsque la grève concerne une minorité de salariés mais paralyse l'intégralité des activités. Si la SNCF et la RATP utilisent cette stratégie, la grève des pilotes d'Air France à la veille de la Coupe du monde de football fut symptomatique d'une démarche qui consista à focaliser l'attention sur une fraction du personnel dans l'objectif principal de dissocier l'image globale de l'entreprise et celle d'une minorité de salariés, présentés publiquement comme surpayés et cherchant à accroître leurs privilèges. L'entreprise se positionne en quasi-victime de manière à ce que l'accusation publique se concentre sur certains salariés, non sur l'entreprise.

• La stratégie du changement

Elle consiste à nier toute responsabilité en la reportant sur une période antérieure. Ses principales modalités sont :

– la négation totale de toute relation entre deux périodes. Cette stratégie est utilisée par les assainisseurs (Lyonnaise, Générale des Eaux) afin de marquer l'instauration de pratiques anti-corruption au sein de ces entreprises. Les « affaires » sont ainsi reléguées dans une époque révolue ;

– l'oubli de l'entité responsable. Il peut s'effectuer par le moyen du changement de dénomination. Confronté à la désaffection de sa clientèle après l'accident d'un navire de sa flotte, le Herald of Free Enterprise, le 6 mars 1986, dans le port de Zeebrugge en Belgique, l'entreprise Townsend Thoresen eut recours, afin de reconquérir une légitimité, à la modification identitaire. Elle reprit les initiales de la maison mère et devint ainsi l'entreprise P&O European Ferries.

C'est dans cette même idée que la MNEF changea d'identité pour être désormais La Mutuelle des Étudiants ;

– la référence au passé comme gage d'un changement véritable. À l'inverse des cas précédents, la crise peut être utilisée dans le processus de communication dans l'objectif même de prouver une modification structurelle. Les références les plus exemplaires concernent le Crédit Lyonnais qui a réussi à bâtir une communication positive sur des pratiques contestables passées. Les accroches successives « votre entreprise vous doit des comptes », suivie en 1999 de « nous vous devons une nouvelle banque », indiquent très clairement une attitude responsable qui permet la reconnaissance, tout en la niant dans sa phase actuelle. Cette stratégie a toutefois connu ses limites puisque le Crédit Lyonnais s'est finalement résolu en août 2005 à modifier sa dénomination pour devenir LCL. L'accroche de l'ARC, Association pour la recherche contre le cancer, traduit une volonté communicationnelle similaire : « Nous on continue, et vous ? ».

• La stratégie du chaînon manquant

Elle repose sur l'argumentation de l'absence d'information. Elle est utilisée pour prôner la disculpation sous prétexte de non-connaissance des enjeux ou des incidences. Employée plus particulièrement à des fins individuelles, elle s'est illustrée dans l'affaire du Rainbow Warrior pour le premier ministre de l'époque et dans celle du sang contaminé. Stratégie boomerang, elle apparaît dangereuse à manier tant l'investigation journalistique en limite la crédibilité. Edmond Hervé fut ainsi propulsé en première page de *Libération* sous le titre « Pas informé ». La proclamation d'ignorance doit faire l'objet d'un calcul délicat quant aux conséquences de l'acte incriminé, cela d'autant plus qu'est apparu, originellement sous l'angle environnement, puis élargi à l'ensemble des activités économiques et sociales, le concept du principe de précaution. Consistant en l'action de prévention du risque en zone d'incertitude, l'acceptation du principe limite fortement l'argument lié à la non-connaissance d'un impact potentiellement dangereux.

D'autres types de discours peuvent être envisagés. Les relations entre ceux-ci sont d'ailleurs flexibles et les stratégies s'interpé-

> ### Le principe de précaution
>
> Le principe de précaution apparaît en novembre 1987 à l'occasion de la Deuxième conférence internationale sur la protection de la Mer du Nord. Il préconise la mise en œuvre d'actions de précaution alors même qu'aucune relation de causalité n'est démontrée scientifiquement. La notion se diffuse alors rapidement et se retrouve lors de la convention de Rio, le sommet de la Terre, en 1992, dans les conférences sur les changements climatiques, les débats sur les OGM, les faibles doses, etc. La notion a été intégrée dans le droit français de l'environnement par la loi Barnier du 2 février 1995 et dans la charte de l'environnement, nouvelle composante du préambule de la Constitution, le 28 février 2005.

nètrent fréquemment. Deux principes doivent toutefois être respectés pour garantir l'efficacité du message.

Le principe de réalité

Il s'entend à deux niveaux :

– l'émotion. L'impact affectif d'une crise peut déformer tout acte de communication en le réduisant négativement. De nombreuses personnes restent persuadées que les autorités nucléaires ont déclaré, peu après Tchernobyl, que « le nuage radioactif s'est arrêté à nos frontières », ce que personne n'a déclaré. Là où Total, après l'Erika a annoncé son absence de responsabilité juridique, chacun a entendu une stratégie de l'évitement basée sur une absence globale de responsabilité. La crise brouille la transmission du message ;

– les faits. Lorsque, sur les affaires de financement de partis politiques, les principaux responsables affirment leur totale irresponsabilité, la crédibilité du discours est faible tant, dans la perception publique, le chef ne peut se désintéresser du volet financier de l'action publique. L'évidence d'une implication est telle que toute déclaration inverse, fut-elle fondée, apparaît suspecte, voire mensongère.

Le principe de cohérence

Il s'analyse également sous deux aspects :

– la cohérence au sein du discours. La logique au sein d'une argumentation est une condition majeure de la crédibilité ;

chaque terme doit être pesé et univoque. Accusé de plagiat par le biographe Claude Pichois, Henri Troyat a ainsi répliqué : « C'est absolument faux. Claude Pichois prend ses désirs pour des réalités. Il ne sait pas ce que plagier veut dire. D'ailleurs lui-même l'a fait. » Ici, l'indication du terme « lui-même » susceptible d'être entendu dans le sens de « lui aussi » risque de contredire l'objectif initial de dénégation. De même, lorsque le Président de la République a déclaré « abracadantesques » les allégations de corruption sur des faits qui ont eu lieu en 1986, de nombreux journalistes ont relevé que l'utilisation du participe passé « ont eu lieu » contredisait l'intention originelle. Il est à noter que la pratique journalistique consistant à confier à quelques psychanalystes les commentaires du discours doit renforcer la vigilance sur le choix des termes ;

– la cohérence des arguments. L'importance du lien logique entre les messages avait déjà été notée par Sigmund Freud en 1905 sur l'affaire dite du « chaudron troué ». Accusé d'avoir percé un chaudron prêté, l'individu présente une défense en trois points : primo, je n'ai jamais emprunté de chaudron ; secundo, le chaudron avait déjà un trou quand on me l'a donné ; tertio, j'ai rendu le chaudron en parfait état.

Sigmund Freud observe alors que « chacune de ces objections prises séparément est bonne en elle-même, mais envisagées toutes ensemble, elles s'excluent mutuellement ». Appliqué à la communication de crise, ce principe reconnaît la possibilité d'utiliser plusieurs types de messages, à condition toutefois que la logique entre ceux-ci soit respectée. À défaut, la mémoire médiatique saura rappeler l'incompatibilité des discours et ruiner leur crédibilité.

Chapitre 4

Les relations avec les médias

La crise est perçue différemment selon l'intérêt en jeu. Catastrophique pour l'industriel, elle apparaît comme une excellente opportunité pour le média. Là où l'entreprise cherchera à sauvegarder ses intérêts, le média tentera d'utiliser la crise pour accroître son audience et améliorer son image de référence dans le domaine de l'information. L'entreprise et les médias sont, en crise, deux interlocuteurs se méfiant l'un de l'autre, voire se positionnant en adversaires. C'est cette impression que confirme un journaliste (Philippe Dessaint, cité par Patrick Lagadec) :

> Nous journalistes, sommes persuadés que les responsables vont nous cacher des choses ou nous mentir ; et eux sont persuadés qu'on va absolument tout faire pour les traîner dans la boue. Il y a tous les éléments pour que l'ensemble dérape, et c'est d'ailleurs ce qui arrive assez invariablement.

I. LE RÔLE DES MÉDIAS EN PÉRIODE DE CRISE

1. L'intérêt médiatique de la crise

La fonction d'un média est d'informer le public, de relater des événements dans l'actualité. L'horizon est le court terme et le traitement s'effectue sous l'angle d'une histoire à raconter. Le média retient plus volontiers les ruptures que les tendances lourdes, les causes d'inquiétude que les *success stories*. L'adage journalistique selon lequel le journal aborde les trains qui déraillent et non ceux qui arrivent à l'heure est parfaitement vérifié en période de crise. Le traitement médiatique de l'information est parfaitement adapté aux phases de crise. Le mode de traitement médiatique de l'entreprise, dès lors qu'il ne s'apparente pas à l'information basée sur la reprise de communiqués de presse, concourt à la mise en évidence des dysfonctionnements. Médiatiquement, la communication de crise supplante fréquemment la communication d'entreprise.

La crise correspond d'abord à la fonction même du journalisme : travailler sur l'événement, révéler l'information, relater l'actualité.

Sous l'angle psychologique, la crise rompt la quotidienneté, brise la routine du traitement habituel de l'information. Elle offre aux journalistes la possibilité d'ouvrir une investigation, de raconter une histoire, de démasquer des coupables. Le pouvoir des médias révèle sa puissance en période de crise. L'exemple du *Washington Post* a prouvé, au travers des deux journalistes S. Bernstein et B. Woodward, la capacité de la presse à s'ériger en un quatrième pouvoir efficace et à ébranler les institutions les plus solides.

Sous l'angle économique, la crise assure la croissance du tirage, l'augmentation de l'audience. *Le Monde* vend 242 000 exemplaires le 22 septembre 2000, alors qu'il n'en a vendu que 154 000 la veille. La raison est que le 22 septembre, il publie la retranscription de la cassette de Jean-Claude Méry. Chaque journal doit être appréhendé comme une entreprise, la crise fonctionne comme un produit d'appel. La concurrence entre médias, la recherche du *scoop* accroissent la rapidité du traitement médiatique. L'implication de Dominique Strauss Kahn sur cette affaire est révélée sur le site Internet de l'*Express* pour une raison simple : l'information allait se répandre immédiatement et l'hebdomadaire ne pouvait conserver l'exclusivité jusqu'à la parution de sa nouvelle édition.

Autant sous l'aspect marketing du développement des ventes que sous l'aspect institutionnel de l'image informative du journal, la crise est une excellente opportunité pour les médias.

2. Le traitement médiatique de la crise

Cinq éléments le caractérisent.

• La rapidité

Il s'agit d'abord de la rapidité de réaction. Les radios donnent l'information sur l'explosion de l'usine Total (9 novembre

1992) à La Mède trente-sept minutes après l'événement. 24 heures après les explosions de Three Mile Island et Challenger, plusieurs centaines de journalistes sont sur place. En outre, la généralisation des messageries électroniques, des téléphones portables et des appareils photo numériques (le même support pouvant cumuler ces trois applications) fait de chaque victime ou témoin un créateur potentiel de crise en temps réel. L'information est tout à la fois rapidement délivrée et rapidement traitée. Par crainte de perdre l'exclusivité, l'effet de *scoop*, l'information est retransmise sans nécessairement être vérifiée.

• **La personnalisation**

La consigne donnée par Pierre Lazareff à ses journalistes de *France Soir* s'applique parfaitement en période de crise : « il faut faire passer les idées au travers des faits, et les faits par les hommes ». L'événement se traduit davantage s'il est porté par un homme, l'effet d'attraction et d'identification se renforce. La personnalisation s'exerce plus particulièrement sur les médias audiovisuels, elle participe au développement des scénarios de recherche de bouc émissaire et de simplification des sujets autour de la personnalité des dirigeants : l'affaire Elf devient l'affaire Dumas, l'affaire OM-VA l'affaire Tapie, celle de la MNEF l'affaire Strauss-Kahn et l'affaire Société Générale devient l'affaire Kerviel.

• **L'alarmisme**

Dans son étude sur les médias et l'accident de Three Mile Island, Eliséo Veron rapporte les déformations de l'information sur l'événement. Ainsi, sur la base d'une dépêche formulée de la sorte : « La rupture d'une pompe d'alimentation en eau d'un des systèmes de refroidissement d'un des deux réacteurs de la centrale nucléaire de Three Mile Island [...] semble être à l'origine de l'alerte générale », le journal de TF1 du 29 mars présenté par Jean-Pierre Pernault annonce : « Alerte générale hier matin dans une centrale nucléaire aux États-Unis, en Pennsylvanie. La rupture du système de refroidissement d'un réacteur a provoqué une fuite radioactive. »

Ainsi, on observe un glissement assez conséquent sur les faits et les mots. Partis de la rupture d'une valve sur une pompe d'alimentation du circuit de refroidissement, les médias traiteront de la rupture du circuit avant d'évoquer « l'explosion du circuit de refroidissement ».

De même, l'indication initiale « il n'y aurait pas de victime » est présentée de manière inversée « il pourrait y avoir des victimes ».

Alors que France Inter annonce que « toutes les personnes regagnent leur domicile », RTL informe « ce sont tous les habitants de Harrisburg qui ont commencé maintenant à quitter la région. »

Parallèlement, le terme « atomique » réapparaît pour renforcer l'impression de risque. *France Soir* titre ainsi son édition du 29 mars : « Peur atomique aux États-Unis. » Le mot « atomique » renvoie davantage que le mot « nucléaire » à un imaginaire alarmiste que symbolisait Hiroshima. La déformation s'opère fréquemment dans une optique d'accroissement de l'effroi.

• La simplification

Le journaliste a pour rôle d'expliquer les faits à son public. Une difficulté majeure de la communication de crise réside dans le paradoxe entre deux contraintes contradictoires. D'abord, la nécessité d'informer, de vulgariser, de traduire en termes accessibles des données scientifiques et techniques. C'est d'ailleurs une tendance lourde, en période de crise. Le public, face à l'ensemble des informations reçues, des hypothèses contradictoires, cherchera à disposer de repères simples : quels sont les risques ? Qui est responsable ? Cela peut-il se produire à nouveau ? Pourtant, l'expertise est faite généralement de nuances, d'interprétations multiples, de réserves. Alors que les experts dissertent depuis des années sur les effets de l'amiante, du diesel, de l'ESB, comment peut-on informer le public en termes simples, compréhensibles et fiables ? L'accident de Bâle, le 1er novembre 1986, fut-il catastrophique ? Le *Nouvel Observateur* exposa le témoignage de deux experts. Le premier fut présenté sous le titre « Le syndrome de Minamata », le second « Dans six mois, tout sera oublié. » De même, les multiples déclarations contradictoires sur les effets des marées noires de Total et Shell (Erika, Ievoli Sun) indiquent la difficulté de synthétiser une réponse claire. La difficulté réside en ce que le public ne se satisfait pas des controverses scientifiques. L'émotion, le suspense, la personnalisation, les affirmations définitives seront davantage utilisées. Le besoin d'actualité et l'impact de l'événement nécessiteront alors de commenter les faits et d'évoquer de nouvelles pistes. En l'absence de nouvelles données, il faut conserver un traitement médiatique à l'événement. À défaut de recours au discours d'expert souvent controversé, le discours médiatique semble alors opérer davantage en attitude auto-référentielle (reprise d'autres journaux, notamment France Info et LCI), multiplication des images et témoignages au détriment des explications. Pour reprendre une image de Marie-Noëlle Sicard, le média, face à une crise complexe, préfère donner à voir plutôt que de donner à savoir.

- • **L'internationalisation**

L'année 1986 a marqué un tournant avec les deux explosions de Challenger et de Tchernobyl. Certes d'autres crises furent largement médiatiques, notamment celle de Bhopal en Inde le 3 décembre 1984. Toutefois, tant en raison du nombre de médias présents lors de l'explosion de la navette le 28 janvier 1986 qu'en raison des conséquences de l'explosion de Tchernobyl le 26 avril, la crise semble désormais de dimension médiatique mondiale. La fermeture du site Renault de Vilvorde a pris rapidement une dimension européenne, en raison de la forte mobilisation salariale et de la solidarité de plusieurs syndicats européens.

Les crises alimentaires se mondialisent également en raison de la concentration des entreprises (Nestlé, Coca-Cola...). Les crises environnementales cristallisent l'opinion internationale qui conçoit toute pollution comme une atteinte à un bien commun. Le naufrage du pétrolier Jessica le 20 janvier 2001 au large des Galapagos a ainsi été largement médiatisé en raison de la symbolique du site. Derrière le déversement de 600 tonnes de mazout, la presse découvrait que ce lieu unique, classé en 1978 par l'Unesco patrimoine mondial de l'humanité, souffrait prioritairement d'un tourisme massif estimé à 70 000 visiteurs annuels et d'une pêche locale intensive. La diffusion de l'information et son internationalisation par de nouveaux outils de communication, et notamment par Internet, renforce cette ouverture.

II. LES PRINCIPES DES RELATIONS AVEC LA PRESSE

Ni allié ni adversaire, le journaliste est prioritairement un professionnel de l'information. Disponible et organisé, il doit offrir à son support des faits, si possible avant les autres. L'entreprise est souvent peu préparée à affronter cet emballement médiatique, d'autant que les interlocuteurs habituels semblent avoir disparu au profit d'une multitude de journalistes inconnus. Le respect de quelques principes permet toutefois d'améliorer une relation souvent vécue de manière conflictuelle.

1. La réactivité

Lorsque le 21 novembre 1986, Marc Moret, le PDG de Sandoz, accepte de fournir certaines informations sur l'incendie qui s'est déclaré le 1er novembre à Bâle, il est déjà trop tard. Le terrain médiatique est déjà occupé.

Il importe de communiquer rapidement pour deux raisons essentielles :

– à l'instar d'un jeu de stratégie (échecs, go...), celui qui ouvre la partie oblige son partenaire à se positionner par rapport à ce premier coup. Il en est de même en communication de crise. La première prise de parole contraint les interlocuteurs à réagir face à ce premier discours. Le premier message reçoit une importance particulière, il traduit l'entrée en crise de l'entreprise et marque les esprits durablement ;
– dans l'hypothèse où le public apprend par une autre source l'existence d'un événement grave concernant une entreprise, et même si celle-ci est de bonne foi, elle se verra constamment reprocher d'avoir sciemment voulu dissimuler la réalité.

Lorsque *Le Monde* publie dans son édition du 17 janvier 2001 l'information selon laquelle Danone s'apprête à lancer un plan social concernant 3 000 salariés, l'entreprise peut toujours expliquer qu'il ne s'agit que d'une note interne, le mal est fait, le silence est coupable.

La bonne foi ne suffit pas. De nombreuses entreprises se basent sur le principe qu'il est préférable d'éteindre un incendie plutôt que de communiquer à son sujet. D'autres choisissent d'attendre d'avoir des informations fiables. Cette position n'est pas tenable tant la suspicion en dissimulation est forte. Il est préférable d'annoncer l'événement, quitte à créer une certaine inquiétude, plutôt que de risquer des attaques sur le thème de la prééminence des intérêts économiques et financiers. Les silences initiaux de Perrier sur l'affaire du Benzène (février 1990), de Coca-Cola sur la dioxine (juin 1999) ou de la filière bovine sur la vache folle, qu'ils reposent sur l'absence de certitudes techniques ou sur la peur de générer un mouvement de panique chez les consommateurs, produisent fréquemment un effet boomerang. Soit l'entreprise n'était pas informée et cela traduit une défaillance de son système qualité, soit elle l'était et cela produit une crise de confiance durable. Une communication minimale est donc préférable. Il s'agit en somme de l'application du principe de précaution à la communication d'entreprise.

Concrètement, l'entreprise annonce l'événement et les éventuels risques afin de se positionner comme interlocuteur de référence sur le sujet. Dans cette hypothèse, il est important de prendre date et de fixer une échéance de communication. L'annonce d'un communiqué publié une heure plus tard permet de prendre rendez-vous et de laisser aux journalistes le loisir de prévoir leur emploi du temps. Elle permet également de crédibiliser le discours d'une organisation qui ne communique que sur des faits avérés.

La rapidité de réaction est un paramètre valable quel que soit le type de crise. Il s'applique toutefois avec un intérêt accru dans le domaine de la défaillance sur un produit.

Lorsqu'en 1994, la société Bayer publia une insertion presse pour le retrait de certains insecticides Baygon sous le titre « L'un de ces diffuseurs pourrait avoir un défaut électrique [l'annonce montre une centaine de diffuseurs], nous préférons les changer tous. », elle se situe dans une optique clairement offensive et marque un avantage dans le domaine de sa crédibilité. La même année, le décès d'une enfant à la suite de l'ingestion de cyanure dans un produit pharmaceutique, la Josacine, conduisit les laboratoires à mettre en garde les consommateurs éventuels au travers du journal de 20 heures, alors même que la probabilité du risque était faible. L'enquête révéla ensuite l'absence totale de responsabilité du laboratoire, à l'exemple de l'affaire du Tylénol, produit pharmaceutique de l'entreprise Johnson & Johnson en octobre 1982 aux États-Unis.

À l'inverse, le lancement commercial de la classe A, le 25 octobre 1997, quatre jours après un accident de tenue de route réalisé lors d'un test en Norvège, amènera le groupe Mercedes à reconnaître peu après que « la classe A présente une faiblesse dans certaines conditions extrêmes » et à arrêter la commercialisation de la série.

Dans le premier cas, l'entreprise se forge une image de responsabilité, dans le second elle semble plier sous la pression des consommateurs.

2. La responsabilité

Le poids des tensions sociales allié à la logique médiatique entraîne rapidement une recherche de responsabilité. Sans se positionner en coupable, il apparaît nécessaire de fournir un acte de reconnaissance.

Lorsqu'à la suite du naufrage, le 24 mars 1989, du navire Exxon Valdez, qui amena 42 000 tonnes de pétrole à se répandre sur les côtes de l'Alaska, John Rawl, Président de la Compagnie, n'eût pas une parole sur l'événement, l'impression d'une absence totale de compassion fut durablement ancrée. Le fait que Douglas Ivester, PDG de Coca-Cola ne s'exprima que le 16 juin 1999, soit plus d'une semaine après la découverte des traces de dioxine dans l'usine d'embouteillage de Dunkerque est apparu trop tardif pour que les explications semblent sincères.

Plus récemment, la différence des réactions de Total et de Shell après les naufrages de l'Erika et du Ievoli Sun marque l'insistance médiatique à la nécessité de cette reconnaissance.

Reconnaître l'événement ne signifie pas en endosser la responsabilité totale. Ce terme doit être entendu au sens de citoyenneté d'entreprise, non de responsabilité juridique. Être responsable, étymologiquement, signifie répondre (*respondere*) de ses actes ou de ceux dont l'entreprise a la garde ou la charge. L'extension du principe de responsabilité impose désormais à l'entreprise un champ d'obligations morales plus large, tant sur le plan géographique (du plus proche au plus lointain) qu'au plan temporel (de l'action présente à l'impact sur les générations futures).

Cette reconnaissance est d'autant plus difficile que le premier réflexe d'une entreprise en crise est de se protéger devant des manœuvres médiatiques ressenties comme une agression. Cela conduit à des discours d'évitement ou de minimisation perçus comme méprisants par les médias.

La responsabilité n'est que l'application de la logique de l'interlocuteur. Michaël Bland affirme que l'élément essentiel en situation de crise n'est pas ce qui est arrivé, mais ce que le public pense qui est arrivé. En conséquence, il prône aux organisations de témoigner de leur humanité et de leur empathie, de démontrer leur sens moral, d'admettre que l'événement les concerne.

> Puis-je vous dire tout d'abord à quel point notre entreprise se sent concernée par ce qui est arrivé et vous assurer que nous mettons tout en œuvre pour savoir ce qui est arrivé de manière à ce qu'un événement semblable ne puisse plus avoir lieu. (Bland, 1998).

Bien évidemment un tel discours n'a de sens que s'il n'apparaît pas en décalage avec une attitude d'entreprise. Perçu comme une prescription de communication, il risque d'apparaître inefficace et manipulatoire.

En outre, il est préférable d'éviter d'en rajouter dans un sentiment empathique pouvant apparaître exagéré. Il a ainsi été expérimentalement prouvé (Combs & Holladay, 2008) que la stratégie de présentation d'excuses publiques n'avait qu'une efficacité limitée.

3. La transparence

L'entreprise est l'interlocuteur prééminent en situation de crise, elle n'est pourtant qu'un émetteur parmi d'autres. Les médias interrogeront les élus locaux, témoins, familles de victimes, associations de protection de consommateurs ou de l'environnement, pompiers, leaders d'opinion, ministères... Plus la parole de l'entreprise sera faible, plus celle d'autres interlocuteurs sera importante. Souvent, les entreprises se réfugient dans le silence en espérant qu'ainsi les médias accorderont moins d'intérêt à l'affaire, c'est une erreur. Au mieux, ceux-ci compenseront par d'autres discours. Le silence est ressenti comme un affront, interprété négativement et a souvent pour effet d'amplifier la pression médiatique.

Par ailleurs, les journalistes disposent fréquemment de service de documentation très développé à l'exemple de celui de Radio France qui regroupe une vingtaine de personnes. Arrivant sur les lieux d'une crise, le journaliste connaît l'historique de l'entreprise, les articles parus et donc les éventuelles crises précédentes, les rapports de force en jeu. Il connaît également les confrères locaux qui ont pu lui fournir quelques clés pour décrypter une situation locale. La capacité pour un journaliste d'obtenir des informations forme la base de son métier, il est préférable de les lui fournir. Leur obtention par des moyens détournés ne ferait que renforcer la culpabilisation médiatique de l'entreprise en crise.

La gestion de crise est fréquemment assimilée à la communication de crise en raison du poids médiatique. L'aptitude de l'entreprise à la transparence est un paramètre d'autant plus important que la crise se focalise non sur l'événement, mais sur la capacité de l'entreprise à informer sereinement et de manière fiable.

Le silence peut être interprété comme objet de crise en soi. Pour l'entreprise, il importe donc d'apparaître comme une organisation ouverte et transparente.

Quelques outils peuvent être mobilisés.

Le numéro vert

Facile à mettre en œuvre, peu onéreux, le numéro vert permet à l'entreprise de refléter l'image d'une institution soucieuse des préoccupations de ses publics et souhaitant connaître leurs inquiétudes pour mieux y répondre. Il poursuit un double objectif de dialogue direct avec le public concerné et d'image globale. Il peut être indiqué par la voie d'encarts publicitaires ou de relations presse, il sera rappelé lors de chaque acte de communication d'entreprise :

> Afin de répondre aux interrogations légitimes des consommateurs, nous avons décidé de mettre en place un numéro vert afin que chacun puisse interroger en permanence nos meilleurs spécialistes.

Il doit toutefois faire l'objet d'une préparation rigoureuse puisque les journalistes n'hésitent pas à médiatiser l'écoute d'informations parcellaires, langue de bois ou contradictions.

Les portes ouvertes

Elles permettent au public de constater la fiabilité du mode de production et d'engager un dialogue direct avec l'entreprise. Après l'accident de 1990, le site de fabrication Perrier à Vergèze dans le Gard est ainsi devenu un des sites industriels les plus fréquentés.

> Symbole de la mondialisation, de l'impérialisme américain, de la malbouffe et impacté par la crise de la vache folle, le groupe McDonald's a décidé de se positionner sur la communication de proximité, tant au niveau territorial qu'à celui des messages. En invitant le 25 mars 2001, par une gigantesque opération de portes ouvertes, le grand public à venir dialoguer dans l'un des 400 restaurants participant à l'opération, le groupe entend renforcer son intégration locale. En associant à ces journées portes ouvertes ses fournisseurs, son siège social puis ses agences de communication, il unit en amont et en aval l'ensemble de la chaîne. Intégration du personnel et des fournisseurs, transparence et proximité, le dispositif anti-crise se veut à la hauteur du défi qui pèse sur la chaîne de restauration rapide.

Internet

Le Web intervient dans le cadre d'une communication par la preuve. Il offre à tout internaute la possibilité de vérifier, image à l'appui, les discours de l'entreprise. Le dispositif doit être à l'abri de tout soupçon et toute utilisation manipulatrice de la webcam risque d'être rapidement dénoncée. L'exemple de la Cogema a ainsi servi d'illustration à une attaque contre les déviances de la transparence lors d'une émission « Arrêt sur la 5 » où il fut démontré que les caméras étaient dirigées vers les lieux les plus anodins du site de La Hague...

La transparence est une notion qui doit être abordée avec précaution en raison de l'effet boomerang qu'elle peut générer. La transparence doit être affirmée en raison de son pouvoir symbolique, elle doit toutefois reposer sur des faits vérifiables.

4. Le relais des messages

Prise par l'urgence et les nombreuses sollicitations médiatiques, l'entreprise en crise évolue dans une logique réactive et défensive. L'approche par les stratégies d'alliance lui permet de renforcer sa position tant quantitativement que qualitativement.

Quantitativement, elle permet de réduire la pression médiatique sur l'entreprise en élargissant le nombre des émetteurs potentiels de discours.

Qualitativement, elle crédibilise la parole de l'entreprise. Le fait que des interlocuteurs externes à l'entreprise, possédant une image indépendante, non susceptibles d'être financés ou manipulés du fait d'un intérêt quelconque, puissent intervenir en appui à celle-ci, permet d'accroître la réceptivité du message.

Dans un domaine aussi sensible que l'environnement, la crédibilité des entreprises pour diffuser de l'information apparaît quasi nulle, les acteurs bénéficiant de la confiance du public sont les scientifiques et les ONG.

5. L'occupation du terrain

Les crises peuvent se dérouler sur une longue période. Lorsque les conséquences restent perceptibles (accident industriel avec rejets polluants) ou lorsqu'une enquête judiciaire est en cours (affaire Elf) la crise peut durer plusieurs années. Pour l'entreprise concernée, cela implique de maintenir en fonctionnement la cellule de crise et de maintenir l'initiative sur le flux d'informations. Il est donc nécessaire d'actualiser en permanence les données diffusables afin de conserver l'intérêt des médias. À défaut, la parole de l'entreprise se réduira au profit de nouveaux acteurs, et le capital de crédibilité acquis par une excellente réactivité se diluera progressivement.

L'écueil à éviter est celui du choix du moment pour clore une crise. Ce n'est pas l'entreprise qui décide, ce sont les acteurs externes et internes et un dispositif performant de communication de crise pourrait voir ses résultats anéantis par une décision trop rapide de sortie de crise. Le relâchement de l'attention et l'arrêt du fonctionnement de la cellule de crise ne peuvent intervenir avant que le retour à une situation stabilisée ne soit clairement atteint.

L'accident survenu le 5 octobre 1999 à la gare de Paddington en Angleterre fit 30 morts et 245 blessés. C'était l'accident de chemin de fer le plus dramatique depuis celui de Clapham Junction en 1988 qui fit 35 victimes et l'émotion fut intense. La réaction immédiate de la compagnie Railtrack fut excellente. Le président Gérald Corbett se rendit sur place, répondit aux questions et assuma l'événement. Mais l'effort retomba rapidement et plusieurs interviews furent ensuite préparées insuffisamment, voire refusées dans le cas de la BBC. Les médias renversèrent aussitôt l'angle de traitement de la crise et Railtrack se retrouva en position d'accusé principal.

L'entreprise doit donc continuer à émettre des communiqués ou déclarations à la presse dès lors qu'un événement le nécessite. Elle devra anticiper les différents actes de la procédure ou de découverte du dossier pour réagir immédiatement par un acte de communication. Dans le même esprit, tout acte hostile (manifestation, déclaration accusatrice) doit être commenté afin de permettre au journaliste d'intégrer le point de vue de l'entreprise lors de l'écriture de son article. Pour reprendre l'analogie avec le jeu d'échecs ou de go, chaque mouvement extérieur doit donner lieu à une réaction afin de maintenir un équilibre dans le rapport des forces en présence.

6. L'affirmation du message

Un des principes centraux du marketing *single selling proposition* s'applique particulièrement à la communication de crise. L'entreprise doit avoir, dès l'entrée en crise, défini un message et le répéter lors de chaque prise de parole. Les porte-parole doivent l'avoir intégré pour le diffuser à chaque occasion. Des messages diffus, voire divergents selon les émetteurs, risquent d'aggraver la crise. Ceux-ci fourniront l'impression d'une absence de crédibilité globale. L'exemple cité par Michaël Bland (1998) d'un bureau de presse à Londres appelant dans le même temps trois décideurs d'une multinationale en crise sans permettre à ceux-ci d'échanger leur message, démontre la capacité à amplifier ensuite les moindres différences dans les réponses. La mise en évidence d'informations contradictoires, aisément compréhensibles par les mécanismes inhérents aux crises et aux incertitudes qu'elles génèrent, peut devenir en soi la cause d'une nouvelle crise. La moindre discordance entre les messages émis par une organisation devient le risque d'une manipulation qui ruine toute crédibilité. L'entreprise doit donc prévoir une coordination immédiate de son message afin d'assurer la pertinence du discours.

Après la mort de deux supporters de l'équipe de football de Lille, fauchés par un RER alors qu'ils traversaient une voie ferrée, le 7 mars 2009, un interlocuteur de la SNCF affirmait que la porte qui ouvrait sur les voies était ouverte alors qu'un autre interlocuteur annonçait qu'elle était fermée. Chacun des deux se référait à une même réalité ; la porte était fermée mais il suffisait de la pousser pour qu'elle s'ouvre, mais la juxtaposition de deux affirmations opposées ne peut que jeter la suspicion.

Le message doit refléter une attitude d'entreprise. Il doit être court, concret et correspondre aux attentes du public. Les points clés d'un message sont :

– la reconnaissance : les faits sont exacts (origines, conséquences) ;
– l'attitude : l'entreprise exprime ses regrets ; sa compréhension de l'inquiétude ou de la douleur ;
– l'engagement : l'entreprise affirme tout mettre en œuvre pour éviter un nouvel accident.

Les éléments d'appui sont axés autour des paramètres suivants :

– les conseils à la population, aux riverains, aux consommateurs ;
– les mesures d'urgence prises par l'entreprise.

Le public ne se satisfait pas de communication pure, il exige des actes. L'entreprise doit alors concevoir l'importance d'actes symbolisant une prise en charge draconienne de la crise : rappel du produit, arrêt de la commercialisation ou de la production, suspension d'un salarié responsable, etc. Toute communication qui ne reposerait pas sur des faits vérifiables ou qui se contenterait de renvoyer aux résultats d'une commission d'enquête risquerait au mieux l'inefficacité.

7. La tonalité du discours

Afin de diffuser de manière optimale ses messages, l'entreprise en crise doit adopter la logique de l'interlocuteur et s'interroger sur ses attentes. Tant au niveau du discours qu'à celui des actes, il importe d'observer l'attitude correspondant à ce que le public espère. L'entreprise doit ainsi transformer son discours en un langage médiatique. Cela concerne :

– la posture du discours. L'entreprise doit apparaître humaine, concernée par un problème qu'elle prend en charge. Le discours devra en permanence être étayé par des actes afin d'en prouver la véracité ;
– l'angle. Fournir des informations générales ne suffit pas. Chaque type de journal possède un angle d'approche de la

crise. Certains insisteront sur les conséquences sanitaires, d'autres sur la chaîne des responsabilités, d'autres encore sur les incidences financières. Le discours doit être adapté aux différents supports ;

– la simplicité. Les discours simples seront les mieux reçus. Bien qu'évidente, cette assertion est pourtant souvent combattue en raison de la difficulté de vulgariser certaines données scientifiques et techniques. Le débat sur les OGM, l'ESB, les faibles doses, illustrent cette difficulté avec d'autant plus d'effets que la crise se caractérise souvent par le décalage entre une exigence de certitude et une impossibilité scientifique d'affirmation univoque. Toutefois, si la simplicité est délicate sur le contenu, elle peut l'être sur la forme. Un discours exprimant clairement un message, une attitude utilisant des éléments de comparaison et de visualisation peut renforcer la compréhension. De même, des phrases courtes et bien construites aideront la compréhension. En période de crise, il importe davantage d'être compris que d'apparaître compétent ;

– la visualisation. Le discours technique, acceptable pour les supports spécialisés, convient difficilement aux médias grand public. Afin de renforcer le pouvoir de la parole, il est utile de recourir aux images immédiatement compréhensibles, car à haute portée symbolique. Expliquer que les antennes relais de télécommunication ne sont pas dangereuses car elles n'émettent que sur des fréquences de 1 800 MHz est peu rassurant. Éclairer cette affirmation par une comparaison avec d'autres fréquences, avec des normes officielles, avec des comparaisons internationales est plus compréhensible. Cela fut et reste encore l'attitude d'EDF expliquant que les radiations à proximité de centrales nucléaires étaient 50 fois inférieures aux normes officielles et inférieures à la radioactivité naturelle de certaines régions comme la Bretagne ;

– l'apaisement. La sécurisation de l'opinion est un élément ambigu dans la gestion de la crise. Ce premier réflexe de nombreuses organisations apparaît souvent comme une manière de minimiser l'impact de l'événement et ainsi de sa responsabilité. Cette manœuvre d'apaisement est perçue comme manipulatoire et reflétant un choix de privilégier des facteurs économiques et financiers. Elle résulte pourtant souvent d'une croyance forte de l'entreprise. Lorsque la crise éclate, les représentants internes cherchent eux-mêmes à se rassurer et accordent une valeur plus élevée aux nouvelles apaisantes. Se basant sur de nombreux rapports d'experts, Total a ainsi minimisé les effets de la marée noire de l'Erika sans imaginer que la situation pouvait se dégrader rapidement. C'est d'ailleurs un principe de la gestion des crises : « Lorsqu'une crise émerge, il est préférable d'imaginer que le pire est à venir. » L'exemple de la compagnie Exxon déclarant « Tout est sous contrôle » alors que les tonnes de pétrole continuent de s'échouer sur les côtes de l'Alaska, illustre les dangers d'une rassurance trop affirmée. La rassurance ne se déclare pas, elle se démontre. L'efficacité optimale réside dans l'indication d'une attitude de prise en charge du problème, elle montre l'importance qu'accorde l'entreprise à réduire la portée de l'événement dans ses conséquences immédiates. Le discours seul est inopérant.

L'apaisement, pour être efficace, doit s'accompagner d'une communication par la preuve, c'est-à-dire qui repose sur des actions réelles, concrètes et vérifiables traduisant une prise en charge du problème et le sentiment d'être concerné par la crise. Il doit également reposer sur une communication de proximité, au plus près du terrain et surtout des éventuels dommages causés par l'entreprise. L'affichage d'une proximité physique avec les personnes victimes d'une catastrophe contribue à créer un sentiment d'empathie et de solidarité, à condition toutefois que le discours soit en concordance.

Il importe de noter que la rassurance est une notion discutable car elle pose de nombreuses questions politiques ou morales. Membre de l'Agence française de sécurité sanitaire des aliments (AFSSA), le professeur Marc Savey illustre cette ambiguïté : « On rassure les enfants, on informe les citoyens. »

La réaction des autorités : histoire

La rassurance est une pratique historique fréquente. C'est ainsi qu'à l'heure des plus graves épidémies de peste, les autorités, sous le prétexte de ne pas affoler les populations, hésitèrent à prendre les mesures minimales pour réduire la contagion. Incrédulité ou aveuglement, pour Jean Delumeau, historien des peurs en occident, l'attitude était constante : « quand apparaît le danger de la contagion, on essaie d'abord de ne pas le voir. Les chroniques relatives aux pestes font ressortir les fréquentes négligences des autorités à prendre les mesures qu'imposait l'imminence du péril... » (Jean Delumeau, *La Peur en Occident*, Hachette Littératures, 1999, p. 145).

L'exemple de l'attitude d'EDF après l'effondrement du réseau électrique lors de l'hiver 99 est révélateur. À aucun moment, l'entreprise n'a cherché à rassurer ses clients. L'essentiel de la démarche a été de communiquer sur la prise en charge du problème : les lignards travaillant dans des conditions difficiles, les retraités rejoignant spontanément les équipes de dépannage, l'aide de l'armée, la solidarité des électriciens étrangers. Avec humilité, l'entreprise reconnaissait la gravité de la situation et indiquait des conseils de prudence. Cette orientation lui a permis de se hisser au plus haut niveau, dans les baromètres d'images d'entreprises et d'apparaître l'entreprise « la plus responsable vis-à-vis de son environnement et de la société ». (sondage Sofres-Top Com, janvier 2001).

8. La connaissance journalistique

Mieux être compris des médias suppose de commencer par mieux les connaître. Cela nécessite une veille préalable et des rencontres régulières. Un entraînement dans le cadre d'exercices de simulation et l'anticipation de certaines questions sont également nécessaires. Sachant que le facteur humain et la personnalisation sont des constantes de la crise, le porte-parole s'attendra à devoir répondre à des questions du type « accepteriez-vous d'habiter à proximité de la zone dévastée ? Seriez-vous prêts à ingurgiter ce produit ? ». Ce type de questions est redoutable car la réponse est inéluctablement interprétée négativement. La réponse de Thierry Desmarest, président de Total Fina Elf, à la question posée sur France Inter « Seriez-vous prêts à donner une journée de votre salaire pour nettoyer les plages ? » illustre l'ambiguïté : la réponse négative aurait été un affront, la réponse positive suscite le sarcasme.

La connaissance journalistique suppose le respect du travail médiatique. Persuadé de la valeur de son travail, le journaliste appréciera peu le sentiment d'évitement, voire d'arrogance de certaines entreprises privilégiant l'urgence des réponses techniques. De fait, l'accent mis sur la qualité de l'accueil réservé aux médias, le sentiment de leur considération, qu'un interlocuteur leur est dévolu, que leur travail pourra être facilité, contribueront grandement à l'amélioration des relations médias-entreprises.

L'écoute journalistique doit également avoir pour objectif la rectification d'informations erronées. L'entreprise doit combattre les erreurs ou approximations avec une forte réactivité. À défaut, de fausses informations peuvent se répandre, s'amplifier et se solidifier. Plus l'entreprise tarde, plus il lui sera difficile de rectifier des informations erronées. Il est nécessaire de réagir aussitôt après la publication d'une fausse information par la demande de rectificatif, voire de droit de réponse. La rectification peut être adressée au journaliste concerné, elle peut également l'être au rédacteur en chef.

9. La gestion de l'urgence

Les relations avec la presse en période de crise s'apparentent à un déferlement ininterrompu de sollicitations. Rapidement débordé, le responsable de communication se voit contraint de répondre aux questions factuelles et d'aiguiller vers les porte-parole désignés.

La pression de l'urgence ne doit pourtant pas empêcher l'entreprise d'effectuer des choix, de sélectionner certains médias jugés prioritaires, de privilégier certains moments.

La véracité prime sur la rapidité. Il est préférable pour l'entreprise de ne pas répondre plutôt que de divulguer des incertitudes. L'important est d'occuper le terrain en prenant date pour le futur : « Dans l'immédiat nous ne disposons pas des éléments nécessaires, un premier point presse sera organisé dans deux heures. D'ici là, tout nouvel élément d'information sera immédiatement mis en ligne sur notre site Internet. »

L'entreprise pourra également sélectionner le support auquel elle divulguera les informations majeures : la presse écrite ou audiovisuelle, généraliste ou spécialiste, locale ou nationale.

Elle veillera également à la planification des communiqués de presse. Si la communication fonctionne en permanence, le communiqué de 19 heures est particulièrement stratégique puisqu'il apporte l'information pour les journaux télévisés du soir et pour les parutions des quotidiens du lendemain matin. Ces communiqués doivent être synthétiques et informatifs.

10. La gestion de l'après-crise

L'entreprise aura souvent intérêt à signifier la fin de la crise. Un communiqué pourra annoncer que tous les magasins sont réapprovisionnés, toutes les victimes indemnisées, toutes les coupures de courant rétablies. Pourtant, les crises passent mais ne se terminent jamais totalement. Des révélations tardives d'un interlocuteur clé, un jugement prononcé après plusieurs années, la date anniversaire qui offre la perspective d'un nouveau bilan, un accident similaire dans une autre entreprise, les occasions sont nombreuses pour permettre aux médias de revenir sur la crise. Cela implique que l'attention doit rester vigilante surtout dans les premières semaines de l'après-crise. Toute nouvelle défaillance, même minime, pourra faire resurgir les éléments d'une crise. Chaque acte de communication devra être analysé en fonction du contexte symbolique de la crise.

> La publication des excellents résultats financiers 2000 de Total Fina Elf en février 2001 a ainsi engendré un article particulièrement acerbe du *Canard Enchaîné* (7 février 2001). L'explication avancée par l'entreprise selon laquelle elle a bénéficié d'un très bon « environnement pétrolier » est apparue quelque peu provocante alors que la catastrophe de l'Erika était encore dans tous les esprits. L'annonce le jeudi 17 février 2005 d'un bénéfice record de 9 milliards d'euros, largement supérieur à celui des entreprises françaises, quelques jours avant la décision de la cour d'appel de Paris d'ouvrir la voie du procès de l'Erika, relance fortement la polémique sur le rôle de Total lors de la marée noire de 1999.

Les 10 mots clés de la communication de crise

Adaptation : la préparation à la crise est un facteur clé de réussite. Elle suppose de disposer d'un plan de crise et d'avoir effectué des exercices de simulation.

Coordination : Les différentes entités de l'entreprise doivent être en permanence coordonnées afin d'éviter les discordances dans les informations transmises.

Ecoute : la connaissance des attentes des interlocuteurs internes et externes permet d'adapter son discours afin que celui-ci soit perçu optimalement.

Empathie : la crise soulève inquiétudes et émotions. L'entreprise peut difficilement s'en tenir à un discours économique ou financier. Elle doit témoigner d'une solidarité, voire d'une responsabilité.

Expérience : toute crise, même mineure, doit faire l'objet d'un retour d'expérience. C'est par l'analyse en profondeur de ses réactions que l'entreprise améliorera son processus de gestion des crises.

Fiabilité : la moindre donnée erronée transmise serait interprétée comme une volonté de mensonge et toute crédibilité ultérieure serait anéantie.

Flexibilité : Les crises évoluent rapidement et l'entreprise doit en permanence faire preuve de créativité et de réactivité, ajuster ses messages et son dispositif de crise.

Offensive : l'occupation du terrain et la diffusion des informations doit être constante tant que dure la crise. Toute opportunité de communication doit pouvoir être exploitée.

Ouverture : le syndrome de la tour d'ivoire doit être combattu. L'organisation doit tisser son réseau et interpeller ses alliés.

Transparence : la communication est un aspect essentiel de la gestion des crises. La transparence, si elle s'applique à des réalisations effectives, permet de présenter une attitude d'entreprise communicante.

Chapitre 5

Tendances actuelles

La communication de crise s'est amplement modifiée ces dernières années. Confrontée à l'intrusion de nouveaux acteurs, à l'internationalisation de son champ d'action, elle a dû appréhender de nouveaux outils, notamment Internet et la généralisation des médias sociaux.

I. INTERNET

L'impact d'Internet s'exerce à trois titres. Il peut engendrer la crise, l'amplifier, mais aussi la réduire.

1. Internet, source de crises potentielles

Internet peut être source de crise à deux niveaux :

– technique : par l'intrusion ou le piratage de sites comme ceux de BMW ou de Microsoft. L'action peut être organisée dans un but économique ou financier (infraction sur des sites bancaires) voire par simple approche ludique. L'envoi de virus (type *ILOVEYOU*, Wornblaster, Sasser) ou l'envoi en nombre d'informations dans l'objectif de saturer certains sites (Yahoo, Amazon...) s'inscrit dans cette catégorie ;
– communicationnel : la rapidité, la faculté de démultiplier les informations, le relatif anonymat qui y règne, la faiblesse des moyens de réaction, l'accroissement de la compétition commerciale internationale, tout cela fait d'Internet un des nouveaux lieux d'émergence des crises.

Le cas le plus célèbre est l'affaire Belvédère, une société française cotée au second marché qui revendique les droits de propriété d'une bouteille de vodka contre l'entreprise américaine Millenium. Afin de déstabiliser Belvédère, Millenium réalise en octobre 1998 un site pirate. Destiné aux actionnaires de Belvédère, le site énonce quelques informations propres à les faire douter. La conception particulièrement élaborée du site, la diversité des informations fournies, amènent une large partie de la presse (*L'Agefi*, *Les Échos*, *Le Monde*, *La Tribune*, *Le Journal des Finances...*) à reprendre certaines données publiées. Surprise par cette offensive directe orchestrée par une des principales agences de relations publiques, Edelman, la société Belvédère a semblé hésiter à répondre et le cours de l'action s'est effondré, passant de 1 430 F (218 euros) en juin 1998 à 253 F (38,57 euros) le 16 octobre. L'affaire eut un fort retentissement, d'abord parce qu'elle fut identifiée comme le premier cas d'utilisation massive d'Internet par une entreprise pour tenter d'en déstabiliser une autre, ensuite parce que Belvédère utilisa cette attaque pour se positionner en victime d'attaques injustifiées. L'affaire s'est terminée pénalement en 2004 avec le jugement du tribunal correctionnel de Paris condamnant le responsable de la tentative de déstabilisation à 100 000 euros d'amende.

Sans aller jusqu'à la diffusion d'informations, la réalisation de pages personnelles ou la création de sites agressifs peut également avoir pour fonction la simple attaque contre l'image d'un groupe. Coca-Cola, France Telecom ont ainsi leur contre-site, appelé *dark site*. McDonald's, sous diverses adresses, possède les sites les plus visités. 1,7 million d'internautes se sont ainsi connectés à un site ouvert par Greenpeace.

Internet peut également proposer des informations erronées dans le but de nuire à une société, voire par simple volonté de monter un canular.

Le 25 août 2000, Internet Wire annonce la baisse du chiffre d'affaires et l'ouverture d'une enquête sur les comptes de la société de télécommunication Emulex. En quelques heures, le cours de l'action s'effondre et l'entreprise perd 14 milliards de francs de capitalisation. Le responsable, âgé de 23 ans et ancien collaborateur du groupe, reconnaîtra une semaine plus tard avoir inventé de toutes pièces cette information.

En novembre 2000, le site Perenoel.fr fut l'objet d'un appel au boycott en raison d'une défaillance de sa *hot line* et d'importants problèmes de livraison. Le fait que chaque internaute puisse faire suivre ce type d'information à son carnet d'adresses électronique a mis cette *start up* de e-commerce dans une situation précaire. La découverte de nombreuses irrégularités a conduit à la fermeture du site.

En décembre 2000, L'Oréal, après avoir initié un jeu concours, a eu la surprise de constater que les réponses exactes circulaient sur le Net. L'entreprise, qui avait escompté 500 bonnes réponses, en reçut plus de 3 000.

De nombreux canulars consistent à proposer de faire suivre une offre fantaisiste, mais présentant tous les éléments de crédibilité, à un nombre déterminé d'individus, en échange de quoi la personne reçoit une rétribution en nature. La marque de champagne Veuve Cliquot a été confrontée à cette supercherie qui lui a occasionné un engorgement de sa messagerie électronique et de nombreuses déceptions parmi les personnes étonnées de ne pas recevoir une caisse de six bouteilles de champagne bien qu'ayant correctement fait suivre un message promotionnel à dix individus. Ericsson a également dû publier le 10 avril 2000 un démenti à la suite d'une chaîne e-mail proposant une offre promotionnelle. Le message affirmait que si l'internaute faisait suivre le message à vingt personnes, il recevrait le nouveau produit Ericsson R 320 wap-phone. Ici également, le message possédait les attributs de la crédibilité et demandait à l'internaute de mettre en copie une personne de la société : « Rappelez-vous d'adresser une copie à Anna.Swelund@ericsson.com afin que nous puissions vérifier votre action. » Cette personne était inconnue de la société Ericsson.

Le site hoaxbuster.com recense l'ensemble de ce type d'informations erronées circulant sur le net. Parmi les affaires récentes figurent l'utilisation de sang par certains producteurs de vin pour renforcer la coloration, l'introduction de têtes de poulets dans les nuggets de McDonald's, la présence de bactéries dans les bananes en provenance du Costa Rica. En raison d'une extrême sensibilité, les informations à caractère sanitaire sont fréquentes.

Création de sites offensifs, désinformation *via* les messageries électroniques, Internet peut également générer des crises *via* les nombreux forums de discussions (*chat rooms, news group*). C'est ainsi qu'Airbus dut faire face à des informations remettant en cause sa fiabilité sur des forums de discussions aéronautiques. À l'approche d'un important appel d'offres, le consortium européen tarda à réagir et son concurrent Boeing emporta le marché.

Ici également, la manœuvre peut être désintéressée ou clairement malveillante sans qu'il soit aisé d'en distinguer la frontière. Lorsque sur un site de discussions à caractère sanitaire, un produit pharmaceutique est régulièrement attaqué, on peut supposer une malveillance. De même, les forums à caractère financier doivent être appréhendés avec précaution tant le lancement d'informations erronées peut être orienté dans une perspective de spéculation boursière.

La généralisation des médias sociaux et notamment des sites de partage en ligne apporte une nouvelle actualité à la potentialité des crises.

> Le premier exemple est venu des États-Unis en septembre 2004 par le lancement par l'entreprise U Lock d'un antivol réputé inviolable, le « Kryptonite ». Un jeune étudiant ayant posté sur You Tube une petite vidéo montrant qu'un simple capuchon de stylo permettait d'ouvrir cet antivol, l'entreprise perdit 50 % de son chiffre d'affaires après que 400 000 visiteurs aient visionné la vidéo dans les premières heures de sa mise ligne.

Enfin, caractéristique incontournable d'Internet : l'effet de rémanence. L'information reste disponible et certaines entreprises continuent à voir leur dénomination associée à des phénomènes de crise longtemps après leur exploitation médiatique.

2. Internet, lieu d'amplification des crises

Internet permet d'accroître le retentissement médiatique de la crise. Il peut également faire d'un simple accident une crise majeure.

Intel, premier producteur mondial de microprocesseurs fut confronté en 1994 à cette dernière hypothèse. Après que les techniciens du groupe se furent aperçus d'une possibilité d'erreur rarissime (une occurrence tous les 27 000 ans), un professeur de mathématiques en Virginie rencontra une erreur de calcul lors d'un programme de recherche. Il adressa alors l'information à plusieurs collègues dont l'un publia le message sur un forum de discussions. En dépit d'une probabilité très faible d'erreur, l'information s'amplifia, se déforma et fut relayée par les médias traditionnels, notamment le *Wall Street Journal* et le *New York Times*. Après avoir vainement tenté par la voix de son président, Andy Grove, de minimiser la crise, Intel dut affronter l'offensive d'IBM, tout à la fois client et concurrent. IBM publia sur son site l'information selon laquelle la probabilité d'erreur n'était pas d'une tous les 27 000 ans, mais d'une tous les 24 jours. Même si de l'avis général, les hypothèses d'IBM étaient erronées, le mal était fait et Intel dut s'engager à remplacer les puces défaillantes. L'événement, d'apparence anodine, finit par coûter près d'un demi milliard de dollars.

La crise peut être amplifiée par les messages électroniques, les blogs, les forums de discussions, voire les pages d'entreprise sur les réseaux sociaux.

> En mars 2010, Nestlé est l'objet d'une forte attaque initiée par Greenpeace pour son utilisation de l'huile de palme, facteur majeur de la déforestation notamment dans le Sud-Est asiatique, dans la fabrication de produits alimentaires, comme certaines barres de chocolat que l'entreprise commercialise. Suite à la mise en ligne d'une vidéo de Greenpeace, aux nombreux commentaires sur la page Facebook de Nestlé, l'entreprise décide de supprimer sa page.

L'intensité de la crise peut s'effectuer avec la réalisation des sites contestataires. Total, suite au naufrage de l'Erika, fut ainsi confronté à la multiplication de sites de mobilisation ou de détournement d'image. Derrière les sites traditionnellement contestataires (amisdelaterre.org, lesverts.fr, greenpeace.fr) le site resoweb.com a recueilli les contestations, mareenoire.com cherche à orienter les bénévoles tout en faisant pression sur les pouvoirs publics, multimania.com/antitotal, auquel s'est joint indirectement le site collectif littoral.free.fr, appela au boycott de la firme. Le site artez.fr.st fut particulièrement efficace en affichant des images détournées de campagnes publicitaires : « Total ment, Totalement responsable », « Total, partenaire officiel de la fin du monde », « ERIKA tastrophe, TOTAL ement nul ». Chaque affiche réalisée par un directeur artistique reprenait le slogan en le détournant : « Vous ne viendrez plus chez nous, même par hasard. » En outre, des messages appelant à soutenir l'entreprise circulaient sur le net, ce qui contribua à renforcer l'impression d'une communication mal gérée même si, après vérification, ces mails étaient des faux grossiers. Après quelques flottements, les juges semblent désormais autoriser les détournements d'identité visuelle à condition que ceux-ci s'opèrent dans une optique purement polémique et non anti-commerciale. Les contestations d'entreprises comme Esso, Areva ou Danone ont ainsi été autorisées. (En ce sens, cf jugement cour d'appel de Paris, 26 février 2003).

3. Internet, outil de gestion

S'il peut créer ou amplifier les crises, Internet peut également les prévenir ou les réduire.

• La veille sur Internet

Une entreprise sur quatre pratique la veille sur Internet. Afin de pouvoir détecter les signaux faibles pouvant dégénérer en phénomène de crise, les entreprises utilisent de plus en plus Internet dans le domaine de la surveillance de leur environnement et du jeu des acteurs. Cela leur permet de déceler l'éventuelle augmentation des plaintes et le fait que celles-ci apparaissent ou non organisées.

Cette veille s'effectue sur les sites agressifs (les plus facilement décelables), sur les forums de discussion, les blogs, par la réception d'informations *via* les abonnements à certaines listes de diffusion (Web-zines)... La veille peut s'opérer en interne à l'entreprise ou par le recours à une agence spécialisée. La participation aux forums de discussion est complétée par l'utilisation de moteur de recherche capable de détecter l'ensemble des sites ou forums sur la base d'un mot clé. La veille en communication de crise sur Internet est rarement isolée des processus d'intelligence économique. Lorsque la recherche des renseignements est pilotée par les services économiques ou commerciaux, il est nécessaire que l'angle « veille sur les crises potentielles » soit intégré au dispositif global.

• La communication sur Internet

En période de crise, Internet présente l'avantage de sa réactivité et de l'ampleur de son impact. Le crash du Concorde d'Air France le 25 juillet 2000 a ainsi fait l'objet d'une communication importante sur Internet. Le portail Yahoo qui a diffusé quatre communiqués le jour de l'accident a connu un de ses plus importants trafics. Air France, après avoir réservé le soir de l'accident un espace spécifique sur la page d'accueil de son site institutionnel, a également publié un communiqué quotidien durant la semaine suivante. Dans les 24 heures qui ont suivi le crash de l'airbus qui effectuait la liaison Rio de Janeiro – Paris, le 1er juin 2009, la compagnie Air France a mis en ligne dix communiqués de presse.

Si le site permet l'instantanéité de l'information et la communication directe avec le public, il nécessite également une attention spécifique. D'abord, il lui faut se distinguer clairement des sites annexes, contestataires ou purement commerciaux. L'observatoire international des crises a ainsi recensé plus de 30 noms de domaines déposés portant sur le crash du Concorde d'Air France. Ensuite, le public, dès lors que l'information a déjà été diffusée médiatiquement, souhaitera apprendre davantage sur le site qu'il n'a pu en obtenir par la presse. Et l'interconnexion généralisée des internautes incite à veiller particulièrement au contenu informatif. Davantage que sur d'autres supports, toute information perçue comme de la communication de crise manipulatoire risquera d'être critiquée et détournée.

Le centre d'information des viandes a refondu son site centre.info.viande.asso.fr afin de consacrer l'essentiel de ses informations à la crise de la vache folle.

Internet peut également être utilisé pour ses capacités à diffuser de la vidéo directement aux publics de l'entreprise sans passer par le filtre médiatique.

> Confronté à de fortes perturbations liées à des mouvements sociaux, le Président de la compagnie aérienne Jet Blue, David Neeleman, a posté le 19 février 2007 sur You Tube, une vidéo « Our promise to you » pour s'excuser des désagréments causés et présenter les nouveaux engagements de sa compagnie.

Internet et les réseaux sociaux peuvent être utilisés comme outils de dialogue avec les publics externes de l'entreprise.

> Lors de la grande perturbation du trafic aérien causée par une éruption volcanique en Islande, en avril 2010, Air France utilisa un compte Twitter AirFranceFr, jusque-là destiné à proposer des offres commerciales, pour répondre aux attentes des clients bloqués au sol. Deux personnes furent mobilisées par Air France pour gérer sur Twitter cette situation tendue.

> Après l'explosion et le naufrage de la plate-forme pétrolière dans le golfe du Mexique le 20 avril 2010, BP a utilisé son compte Twitter et créé une page spécifique sur Facebook pour informer en temps réel sur ses actions entamées pour lutter contre la marée noire. Le compte Twitter a toutefois été rapidement piraté pour diffuser de fausses informations à caractère satirique.

À l'inverse, il fut remarqué que le portail du site Total n'avait pas été modifié à la suite du naufrage de l'Erika. Internet étant l'outil flexible par excellence, l'exigence de réactivité à son égard est très élevée. Une place importante sera ensuite consacrée à l'événement puis aux opérations de pompage. Photos, animations et vidéos ont été présentées. La possibilité d'accéder par liens spéciaux aux sites d'offices de tourisme locaux ou de certains journaux a pu renforcer la crédibilité des messages.

Internet peut également fonctionner dans une démarche de communication par la preuve. L'utilisation de webcams permet alors à l'internaute de visualiser l'intérieur d'une entreprise, à l'exemple d'une opération portes ouvertes qui serait permanente. Le site de retraitement de la Cogema à La Hague www.cogemalahague.fr permet de visualiser l'ensemble des opérations de chargement et de déchargement du combustible.

> Une dizaine de webcams ont été implantées dans les installations de Cogema La Hague au terminal de Valognes et au port de Cherbourg, pour vous permettre de découvrir en direct les différentes étapes de retraitement des combustibles nucléaires usés.

Le site permet de visualiser d'anciennes opérations par clips vidéos, photos ou dossiers d'informations et annonce les dates d'arrivée de certains bateaux et offre donc la possibilité de suivre en direct les opérations de chargement.

La distance et l'angle des webcams furent largement critiqués. Pour être efficace, la communication sur Internet doit être au-dessus de tout soupçon, sinon elle risque de devenir en elle-même un amplificateur de crise.

Une possibilité d'anticipation réside dans la création de sites cachés. À l'exemple des argumentaires pour les médias tradition-nels, le site caché présente l'ensemble des informations relatives à un type de crise et la possibilité de les mettre en ligne immédia-tement. L'exemple type est le site du fabricant de jus fruits amé-ricain Odwalla qui, à la suite du décès d'un enfant intoxiqué par l'un de ses produits en 1996, a ouvert dans les trois jours un site entièrement dédié à l'affaire. L'initiative fut d'autant plus remar-quée que la mise à jour était fréquente, les informations précises et nombreuses et les points de vue d'experts extérieurs à l'entre-prise y étaient présentés.

La création d'un site spécifique est toutefois discutable. Il est plutôt recommandé d'intégrer les informations de crise sur le portail initial au travers d'une rubrique clairement identifiable. L'avantage est de pouvoir resituer la crise dans le contexte d'une activité industrielle multiple, il est aussi de permettre aux infor-mations d'apparaître de nature moins publicitaire.

II. LA RUMEUR

La rumeur est omniprésente dans l'entreprise. Première source interne d'informations au travers des bruits de couloirs, la rumeur est également le facteur de crise le plus cité par les entreprises. Une étude menée en 1988 sur 114 entreprises (Pauchant), montre que celles-ci avaient connu au moins deux situations de crise déclenchées ou amplifiées par des rumeurs dans les trois années précédant l'étude.

1. Émergence et transmission

La rumeur est une proposition d'actualité, destinée à être crue mais sans que le transmetteur y croit obligatoirement. Elle est transmise plutôt de manière orale ou par Internet et sans qu'il existe de données permettant de prouver sa véracité. Elle se carac-térise par l'ignorance de la source originelle (« on m'a dit que », « il paraît que »). L'ampleur de sa circulation s'accompagne fré-quemment de la déformation de son contenu.

Les premières recherches sur la rumeur proviennent de l'armée et des études sur les mécanismes de démotivation. En France, c'est Edgar Morin qui analysa le premier les mécanismes de la rumeur au travers d'une enquête sociologique menée en 1966 à Orléans.

> En 1966, circulait à Orléans une rumeur selon laquelle des jeunes filles disparaissaient dans les salons d'essayage de certains commerçants, en l'occurrence juifs. Sans qu'aucune preuve ne soit apportée, ni même aucune disparition constatée, la rumeur s'amplifia et gagna toute la ville.

La rumeur possède toujours un aspect négatif et fréquemment un volet ambigu. Le fabricant de papier à cigarettes OCB financerait un mouvement d'extrême droite, les magasins Nature et Découvertes l'église de scientologie, certains hamburgers McDonald's seraient fabriqués avec des vers de terre, certaines décalcomanies contiendraient du LSD... Généralement, un fait anodin sert de base à l'émergence de la rumeur. Un sigle sur les paquets de Marlboro indiquerait son partenariat avec le Ku Klux Klan, le logo de la firme Procter & Gamble ferait apparaître le chiffre 666, c'est-à-dire le chiffre de l'apocalypse, ce qui prouverait son allégeance à une secte satanique à laquelle elle reverserait une partie de ses bénéfices.

La rumeur émerge plutôt lors de périodes de tensions racistes, religieuses ou commerciales. Elle s'attaque prioritairement aux entreprises emblématiques et aux marques leaders. Certaines périodes apparaissent plus propices : une innovation technologique, le lancement d'un produit, une nouvelle campagne publicitaire. L'accroissement de la compétition industrielle renforce les probabilités de déstabilisation organisée pour laquelle la rumeur est un outil particulièrement efficace de par sa fluidité de transmission.

La rumeur est rapide et anonyme, elle offre à la personne qui la colporte un support de valorisation.

Transmettre une information importante et ambiguë marque un positionnement social. La rumeur sur Isabelle Adjani a ainsi démontré qu'aucune catégorie sociale n'était à l'abri de la transmission des rumeurs. La rumeur est susceptible de concerner non seulement certains individus particulièrement crédules, mais tout type de population.

À la fin de l'année 1986, un quart des Français avait eu connaissance d'une rumeur relative au décès d'Isabelle Adjani causé par le sida. L'importance de cette rumeur amena l'actrice à se présenter en direct le 18 janvier 1987 au journal télévisé de 20 heures sur TF1.

2. La gestion des rumeurs

La rumeur présente une potentialité de crise. De ce fait les questions préalables à la définition d'une stratégie restent opérantes.

La première étape concerne le fondement même de la rumeur. Si celle-ci repose sur des faits exacts, la transparence et la reconnaissance sont souvent préférables.

Dans l'hypothèse où la rumeur est infondée, plusieurs possibilités s'offrent à l'entreprise.

– la contre-attaque permet l'attribution de la rumeur à une origine ayant intentionnellement agi dans le but de déstabiliser une entreprise. Une entreprise concernée par une rumeur accusera son principal concurrent de manœuvres déstabilisantes. Le public sera alors pris comme témoin au travers de la question incontournable : « À qui profite le crime ? » ;
– le démenti est valable si l'information peut être réfutée. Ce démenti doit toutefois être accompagné d'une communication par la preuve pour être efficace ;
– la culpabilisation des propagateurs. Le public d'une rumeur regroupe ceux qui se sentent impliqués par les conséquences de l'événement et qui y trouvent un élément de valorisation interindividuelle. Le fait de qualifier la circulation d'informations de rumeur réduit la capacité de bénéficier du prestige de la transmission.

La stratégie du Président de la République, Nicolas Sarkozy, face aux rumeurs sur sa vie privée, notamment lorsqu'il déclare le 12 mars 2010 qu'il n'a « pas une seconde à perdre avec ces élucubrations » et une semaine plus tard lorsqu'il les compare à des « clapotis » s'inscrit dans cette démarche. Un autre exemple, celui de la rumeur d'Orléans, s'avère remarquable. C'est à partir du moment où le caractère antisémite de la diffusion d'informations est apparu évident que la rumeur a cessé de circuler. Transmettre une information sur une probable traite de blanches peut apparaître intéressant, propager une rumeur à caractère raciste beaucoup moins.

– la saturation des récepteurs. La rumeur n'existe que par l'information qu'elle véhicule. Le fait de reconnaître l'existence d'une rumeur tout en maîtrisant le contenu du message permet d'en stopper la diffusion. Lorsque chacun a connaissance d'une information, l'intérêt de sa transmission devient dérisoire ;

– lorsque la rumeur est inexacte mais non démontrable, l'entreprise peut agir sur certains éléments ayant contribué à son émergence. Ne pouvant prouver l'absence de relations avec des sectes sataniques, Procter & Gamble, après avoir reçu plus de 15 000 appels par mois au plus fort de la crise en 1981, décida de modifier l'identité visuelle du groupe.

De manière connexe et sachant que la rumeur possède une connotation négative, l'entreprise peut également qualifier une critique de rumeur afin de la déconsidérer. Les fabricants de micro-ondes ou de téléphones portables peuvent tâcher de qualifier de rumeurs les doutes sur les effets nocifs des ondes. L'implication affective est toutefois dangereuse car elle traduit une attitude d'entreprise hautaine, voire arrogante, fort éloignée de l'intégration du principe de précaution.

La rumeur possède des terrains de prédilection : réduction d'effectifs, délocalisation, fusion... L'amplification de la spéculation boursière internationale rend la communication financière particulièrement sensible aux effets de rumeurs. La rumeur entraîne une diminution de la valeur des titres, elle permet en conséquence des achats massifs à un prix sous-évalué. La diffusion d'Internet accroît les probabilités d'émergence et d'amplification de rumeurs qui risquent de devenir le moteur des crises futures.

III. LES PUBLICS FACE AUX CRISES

Si la crise est souvent perçue de manière globale *via* le prisme de l'amplification médiatique, elle concerne différemment certains types de publics.

1. Le consommateur face aux crises

• La montée des incertitudes

Jamais les produits n'ont été aussi bien contrôlés et pourtant jamais la suspicion n'a été aussi forte. Comparés aux 8 000 décès

annuels sur les routes, aux 10 000 causés par les maladies n
comiales, c'est-à-dire attrapées lors de séjours à l'hôpital, aux
24 000 liés à l'alcool ou aux 60 000 causés par le tabac, les
100 décès annuels consécutifs à des intoxications alimentaires
apparaissent statistiquement très faibles. Ils sont également en
recul constant, D. Bourg et J.-L. Schlegel (*Parer aux risques de
demain*, Seuil, 2001) annoncent le chiffre de 15 000 morts par
intoxication alimentaire en 1956. Pourtant, l'inquiétude est
réelle et s'est considérablement accrue ces dernières années.
Ainsi, selon les études du Credoc, alors qu'un Français sur deux
estimait en 1997 que les produits alimentaires présentaient des
risques légers ou importants, « ils sont actuellement sept sur dix
à faire état de leurs craintes ».

Les problèmes d'environnement ou de santé concernent chacun
de nous. Depuis Tchernobyl (1986), chacun a pris conscience
que les crises n'étaient plus isolées, qu'une catastrophe pouvait
faire ressentir ses effets sur une vaste échelle, et qu'un phénomène minime à un endroit pouvait se transformer en catastrophe à plusieurs milliers de kilomètres : un battement d'ailes
de papillons aux Açores peut devenir tempête sur l'Europe, c'est
l'effet chaos.

L'émergence de certains concepts comme le principe de précaution accroît l'exigence d'une qualité totale se traduisant par la
demande de retrait dès lors que le moindre doute existerait.

Les limites de la science

Sur de nombreux thèmes, les experts ne peuvent fournir une
réponse univoque. Sur un sujet comme celui des OGM ou
l'ESB, aucune réponse n'apporte la clarification souhaitée. Les
consommateurs reçoivent une masse importante d'informations
mais ne disposent pas toujours des clés de décryptage propres à
se forger un jugement serein.

L'amplification des critiques anti-mondialisation

Le sentiment que la sphère commerciale (la *world company*)
domine désormais toute dimension éthique réduit le sentiment
de confiance. La perception d'une complicité politique, notamment le paramètre électoral à l'égard du monde agricole, accroît
cette inquiétude.

L'absence de responsabilité

Le sentiment d'impuissance est renforcé par l'impossibilité d'établir les responsabilités. La crise de la filière bovine est caractéristique d'une situation où chaque acteur semble se renvoyer la balle : ministère de l'Agriculture, Union européenne, chaîne de distribution, éleveurs. Le consommateur est également présent dans la chaîne des accusations : à force de vouloir toujours payer moins cher, il est logique que la qualité des produits en subisse les contrecoups.

Le choix des mots

Sang contaminé, dioxine, vache folle, transgénique, les termes médiatiques ne sont pas neutres dans l'accroissement du sentiment d'inquiétude. Le secteur de l'alimentation est particulièrement concerné puisqu'il fut longtemps un lieu de superstition, de la pincée de sel à la gousse d'ail. Aujourd'hui, certaines réminiscences semblent perdurer et les enquêtes qualitatives indiquent des craintes inconscientes très fortes : « on risque de devenir fou si on mange de la vache folle, on risque de se modifier génétiquement si on mange des OGM ». Là où elles devraient rassurer, il est possible que certaines images agissent en amplificateur d'inquiétudes irrationnelles. La médiatisation des images de vaches incendiées est vraisemblablement entrée en résonance avec celles de la peste et des bûchers pour les hérétiques. Le satanisme moyenâgeux réapparaissait aux frontières d'X-Files.

Au total, le consommateur apparaît désemparé. Déjà l'affaire du talc Morhange (la marque a aujourd'hui disparu) en 1972 avait frappé les esprits par l'ampleur du phénomène (200 victimes) et par le fait que cette crise concernait les enfants. Un produit toxique, l'hexachlorophène, avait accidentellement été ajouté dans le talc. Aujourd'hui, si les produits apparaissent mieux surveillés, aucun n'est à l'abri d'une crise. L'exemple de certaines marques de rillettes, pourtant certifiées ISO 9000, traduit l'impossibilité technique du risque zéro.

• Des réactions différentes

L'attitude du consommateur face aux crises semble évoluer entre un fatalisme lié au sentiment d'impuissance qu'il éprouve et des réactions brutales engendrées par la peur ou le désir offensif se traduisant par le boycott.

Des réactions souvent brutales

Confronté à des alarmes alimentaires, le consommateur réduit d'abord fortement l'acquisition du produit. Passée l'alerte médiatique, le niveau de consommation tend à se rehausser sans retrouver celui antérieur à la crise. Après les premiers cas de listeria découverts en janvier et février 2000, la consommation de rillettes et produits charcutiers a chuté de 70 %. Le niveau est ensuite remonté en mars à moins 50 % et reste toujours inférieur de 20 % une année après. Chaque nouveau cas amène une rechute de consommation, ce qui peut, en raison des délais d'incubation, sinistrer durablement une profession à l'exemple de la filière bovine.

Souvent disproportionnée dans l'ampleur, la réaction du consommateur l'est également dans son spectre d'action. Une étude du Credoc d'avril 2001 montre que « lorsqu'un produit est retiré de la vente en raison d'un risque de contamination, près d'un consommateur sur deux (47 %) pratique l'abstention totale. » La défiance s'exerce autant envers la marque du produit en cause que vis-à-vis de l'ensemble des produits similaires. À la suite de la découverte de cas de listériose provoquée par la consommation de certains types très spécifiques de fromages au lait cru, l'ensemble de la consommation de produits fromagers fut durement touché. Cet effet de halo n'est pas spécifique aux produits alimentaires. À la suite du rapport de la Cour des comptes révélant le 2 janvier 1996 d'importants détournements de fonds et des malversations dans la gestion de l'ARC, l'ensemble des associations caritatives subit une baisse des dons de l'ordre de 20 à 30 %.

Le consommateur peut également boycotter le produit pour des raisons idéologiques. Nestlé fut ainsi l'objet d'un appel au boycott entre 1977 et 1984 en raison de la commercialisation de poudre de lait dans les pays du tiers monde. En l'absence d'eau potable, le risque pour le consommateur apparaissait trop élevé. Des appels au boycott furent pareillement lancés envers les entreprises collaborant avec certains régimes comme le Chili durant la dictature de Pinochet ou la Birmanie actuellement. L'ensemble des produits français, et notamment les vins, furent l'objet d'un boycott international lors de la reprise des essais nucléaires en 1995. Internet fonctionne comme un amplificateur des appels au boycott. La liste des entreprises concernées est impressionnante même s'il est parfois difficile d'évaluer la légitimité des actions : Coca-Cola, Total, France Telecom, Amazon, Microsoft, Yahoo, McDonald's, BP, Nike.

Même infondé, l'appel au boycott peut faire reculer une entreprise. Greenpeace appela au boycott des stations Shell en 1995 après la décision de l'entreprise de couler la plate-forme pétrolière Brent Spar. Bien que plus écologique que toute autre solution, l'immersion fut abandonnée. Greenpeace reconnut son erreur après quelques mois.

Le boycott est toutefois en France d'une efficacité limitée. Outre Danone, pour qui les ventes de produits laitiers frais auraient diminué de 10 % en avril 2001 (ce que l'entreprise a démenti), le seul cas recensé d'action importante a concerné les oranges Oustpan produites en Afrique du Sud durant la période de l'Apartheid. Deux raisons expliquent ce relatif désaveu : d'abord une raison juridique qui est son interdiction formelle. Objet d'un boycott, l'entreprise pourrait porter plainte contre les auteurs de l'appel. Ensuite, une raison culturelle qu'a parfaitement illustré l'échec des nombreux appels, dont celui des Verts, au boycott de Total à la suite du naufrage de l'Erika. Le boycott suppose une sensibilisation et une mobilisation idéologique forte, un relais par des associations de consommateurs puissants et organisés, un sentiment d'appartenance communautaire, tout paramètre assez éloigné des pratiques culturelles françaises.

Une perception oscillante

Pour le consommateur, la crise est aujourd'hui d'abord alimentaire. Interrogé en octobre 1999 par l'Institut de sondage CSA pour le compte de l'agence Edelman, le consommateur indique que les crises les plus marquantes sont liées à son alimentation : celle-ci représente plus des deux tiers des citations. Les crises citées spontanément sont l'affaire Coca-Cola, la vache folle et le poulet à la dioxine.

La crise produit ses effets sur le long terme. L'affaire Perrier (1990) reste dans les mémoires pour 44 % des sondés et celle de la Josacine (1993) pour 42 %.

La mémoire traduit souvent une défiance accrue envers les produits concernés, même si ceux-ci se révèlent ultérieurement totalement disculpés. La Josacine reste l'objet de défiance pour 52 % des sondés et les pneus Speedy pour 42 %. 32 % continuent à se méfier du fromage d'époisses et 26 % du camembert Lepetit. Il est intéressant de constater que le taux de défiance ultérieur est corrélé à la perception de la malhonnêteté ou de l'incompétence de l'entreprise. Lorsque la crise est perçue comme une conséquence de la malchance (Perrier, Coca-Cola), le taux de défiance ultérieur se réduit. Si la crise est perçue comme une conséquence de l'incompétence ou de la malhonnêteté (Josacine, Speedy), celle-ci apparaît également plus durable.

Les dix bons points d'un message d'alerte

Le texte doit être concis, voir austère.

Le nom de marque doit être mis en évidence.

Le nom et les références du produit doivent être précises. Une photo est souhaitable.

Les dates et lieux de commercialisation doivent être stipulés.

Les produits similaires mais non concernés doivent être indiqués.

La nature du risque doit être expliquée.

La raison de la découverte du risque *a posteriori* doit être indiquée, seulement si elle est totalement indépendante de l'entreprise.

Les modalités du rappel du produit doivent être détaillées.

Un contact doit être indiqué, par numéro vert notamment.

Une communication positive doit équilibrer le message (sécurité, confiance et satisfaction du consommateur).

Source : d'après Jean-Marc Lehu, 1998.

La crise s'inscrit fortement dans la mémoire collective. Le consommateur souhaite se rassurer par le recours à des marques leaders et à des entreprises traduisant une éthique. Les études du Credoc font apparaître un accroissement des consommateurs engagés, c'est-à-dire privilégiant des produits d'entreprises ayant une image citoyenne. Le besoin de repères se traduit également par une valorisation de la traçabilité et des labels. La communication de proximité continue sa croissance, elle s'observe tout à la fois au niveau du marketing interindividuel et du renouveau des commerces de quartier, ainsi qu'à celui des produits du terroir dûment étiquetés quant à leur origine.

2. La communication interne de crise

Parent pauvre de la communication qui tend à privilégier l'approche médiatique, la communication interne n'en a pas moins une importance majeure qui peut s'appréhender sous deux aspects.

• Les deux volets de la communication interne

L'aspect managérial

Passant l'essentiel de sa vie active en entreprise, récepteur constant de messages sur la nécessaire cohésion des équipes, le sens de la mobilisation, l'impératif de rentabilité, l'importance des procédures qualité, on conçoit que la crise introduise un bouleversement psychologique sur le salarié d'autant plus fort que l'entreprise a pu avoir une responsabilité effective dans l'affaire en cours. Le choc initial risque d'être amplifié par le traitement communicationnel de crise. Le fait d'apprendre par la presse les informations essentielles relatives à son entreprise lorsque celle-ci est plongée dans une crise, est un facteur majeur de démotivation qui risque de perdurer longtemps après la fin de la crise.

L'aspect communication

Il peut s'illustrer à deux niveaux :

– directement par l'interview de salariés. Pour avoir une vision davantage vécue, de nombreux journalistes sollicitent les salariés de l'entreprise sous le mode du témoignage. Par des appels téléphoniques directs ou des interviews surprises à la sortie des usines, certains journalistes tentent de contrebalancer un discours parfois trop aseptisé des services de communication. Toute discordance entre les deux types de message risque d'apparaître suspecte ;

– indirectement selon le principe de l'agent ambassadeur interpellé par ses proches qui, eux-mêmes, relaient l'information avec une crédibilité forte puisque basée sur la proximité. On conçoit que, si l'ensemble des salariés d'une entreprise comme Total se répand en critiques de la position officielle, celle-ci risque d'avoir quelques difficultés à devenir crédible.

• Les trois moments de la communication interne

L'importance de l'interne s'exerce aux trois étapes du déroulement de la crise.

Avant la crise, puisque toute l'organisation et les procédures de communication doivent être mises en place avec le concours du maximum de salariés. La sensibilisation du personnel est nécessaire à la gestion de crise, au travers de réunions d'information ou de simulations, elle apporte en outre, au plan managérial, le sentiment de la fragilité des organisations et donc milite pour la mise en place et l'amélioration des démarches qualité et de développement durable au sein de l'entreprise.

Pendant la crise, en raison des deux paramètres du témoignage et de l'agent ambassadeur évoqués ci-dessus.

Après la crise, car le retour d'expérience ne peut s'opérer en l'absence des salariés.

L'introduction d'une culture de crise ne peut s'effectuer en dehors des choix managériaux. Pour permettre une remontée totale d'informations, le salarié doit être convaincu qu'aucune sanction ne sera établie à son encontre en cas d'erreur de sa part mais, au contraire, que sa volonté de transparence et de contribution à la réduction des risques sera encouragée. Le facteur humain est décisif dans l'organisation de la communication de crise, il est souvent absent des nombreuses procédures privilégiant les approches techniques.

• Les quatre domaines de la communication interne

L'interne possède une place particulière dans la communication de crise puisqu'il est concerné par la plupart des crises et qu'il peut également en être la cause.

Les salariés peuvent être la cause directe de la crise par l'agitation sociale ou la grève. La grève entamée le 17 décembre 1986 par les cheminots, une semaine après le lancement de la campagne publicitaire « SNCF, c'est possible » a paralysé l'ensemble du réseau ferroviaire durant l'hiver. Le mot d'ordre de grève lancé à la BNP le 20 décembre 1989, quelques jours après la remise d'un rapport concluant à « l'étonnante sérénité » du climat social, a bloqué la majorité des agences. La grève déclenchée le 1er juin 1998 par le syndicat national des pilotes de ligne d'Air

France a réduit des trois quarts les vols aériens, entraîné une perte de près d'un milliard de francs. Elle a surtout engendré un formidable retentissement en raison du blocage de la coupe du monde de football.

Salariés et syndicats ont compris l'intérêt médiatique du conflit social. Le chantage à l'empoisonnement, les manifestations, les actes de vandalisme mettent l'entreprise sous pression externe afin d'afficher une détermination et de peser sur l'issue du conflit.

> C'est dans cet objectif que, victimes d'un important problème social, les salariés du groupe canadien Nortel, basé à Chateaufort, ont menacé en juillet 2009 de faire sauter leur usine en y installant des bonbonnes de gaz. Comme l'affirma un responsable du mouvement : « Nous sommes en grève depuis le 6 juillet et personne n'a parlé de nous. C'était simplement pour donner aux médias une bonne raison de venir nous voir. » (« Les bonbonnes manières médiatiques du conflit Nortel », *Libération*, 15 juillet 2009).

> Il en fut de même en mars 2010 à Crépy-en-Valois où les salariés de l'usine d'équipement automobile Sodimatex menacèrent de faire exploser leur usine afin d'obtenir de meilleures indemnités de licenciements.

Dans un autre registre, les salariés peuvent être la cause de la crise par leur comportement, celui-ci pouvant être intentionnel ou résulter d'une négligence. Une étude de Burson Marsteller aux États-Unis indique que 14 % des salariés américains ont reconnu avoir déjà adressé à des personnes extérieures des documents confidentiels ou potentiellement embarrassants pour leur entreprise (B.M., Future Perspective, mars 2010).

Les salariés peuvent également être indirectement à l'origine de la crise. La médiatisation de problèmes humains internes à l'entreprise, même s'ils sont susceptibles de se produire au sein de tout type d'organisation, entraîne une suspicion de responsabilité sur l'entreprise. Le suicide d'un salarié consécutif à un phénomène de harcèlement moral, une plainte pour harcèlement sexuel, le décès ou la maladie d'un dirigeant, les détournements de fonds commis par quelques salariés, les pertes consécutives à des opérations spéculatives douteuses de cadres financiers peu scrupuleux... toutes ces affaires laissent supposer une défaillance de l'entité même.

Plus fréquemment, le salarié subit les conséquences d'une crise externe. Un plan de licenciement, une restructuration, une OPA, fusion ou acquisition et le salarié devient directement l'objet même de la crise. L'ennemi d'hier, le concurrent le plus dangereux, devient l'allié d'aujourd'hui, la culture interne se modifie parfois radicalement, les repères traditionnels se brisent.

Enfin, toute crise a une incidence interne. Soit parce que des salariés sont en cause à l'exemple de l'affaire du DRAC (décembre 1995) où la responsabilité de certains agents d'EDF avait été engagée à la suite du décès de plusieurs élèves noyés en raison de la brusque montée des eaux causée par une manœuvre sur un barrage hydraulique. Soit, de manière plus globale, parce que tout événement crisique, qu'il soit technique, économique, environnemental ou simplement relatif à l'image de l'entreprise impactera le salarié.

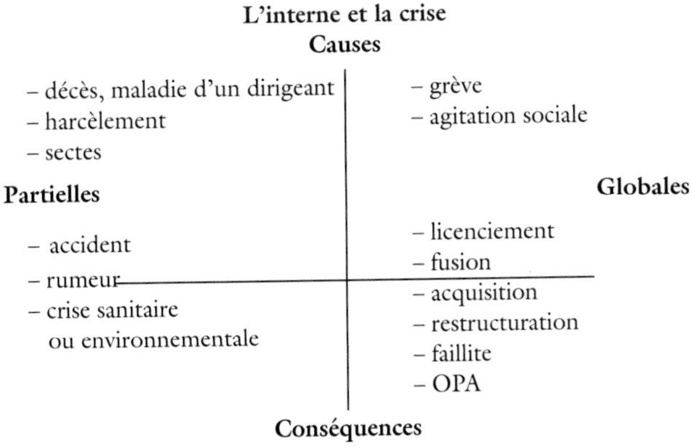

Figure 5.1. *Crise et communication interne*

• Les cinq principes de la communication interne

La communication doit être ciblée

La crise présente l'opportunité d'une cohésion renouvelée face aux critiques dont l'entreprise peut être l'objet. Face aux attaques concernant la tenue de route de la classe A puis à l'arrêt de sa commercialisation le 12 novembre 1997, les salariés de l'usine de production se sont déclarés « fiers de leur véhicule » et ont montré que durant les périodes de crise, ils étaient capables de « serrer les rangs » (*Les Échos*, 19/01/1997). Elle offre à l'encadrement la possibilité de jouer pleinement son rôle de relais d'information ascendante et descendante. C'est ainsi qu'une semaine après le déclenchement du conflit de la grève des pilotes à Air France en juin 1998, la direction de la communication diffuse à l'ensemble de son encadrement un argumentaire articulé autour de quatre thèmes :

– l'objectif économique et les enjeux de la compétitivité,
– la chronologie des rencontres avec les syndicats,
– les propositions de la direction,
– les propositions des syndicats.

Cet argumentaire fut complété le lendemain par un nouveau document comportant les quatre éléments essentiels du discours interne, le noyau dur du message « pas d'esprit revanchard » et un jeu de questions-réponses.

Aucun interlocuteur interne ne doit être oublié. Lors de crise sociale liée à un plan de restructuration, l'entreprise a souvent tendance à se focaliser sur les salariés licenciés en raison de l'impact médiatique. Les salariés non impactés doivent pourtant faire l'objet d'une attention particulière sous forme de réunions explicatives. L'ouverture de perspectives d'avenir et une forte occupation du terrain interne représentent des moyens décisifs pour surmonter le traumatisme lié à un plan de licenciement.

Les organisations syndicales peuvent également intervenir en appui lors de situations particulières. L'appel à la démission de salariés clés d'une entreprise faisant l'objet d'une OPA en représente une modalité.

La communication doit s'opérer sur un registre comportemental

Elle doit prendre en charge le problème, être positive, voire offensive. Même si l'entreprise ne dispose pas de solutions claires pour une issue positive de la crise, elle doit indiquer sa détermination à tout mettre en œuvre dans cet objectif. Cité par M. Bland (1992), le président de l'entreprise Lockheed, Norman Augustine affirmait : « Le seul aspect du management dans lequel l'influence d'un dirigeant peut être effectivement délimitée est celui des crises. » On peut considérer qu'une attitude managériale désinvolte risque de faire ressentir ses effets longtemps après la crise.

Les outils à diffusion rapide doivent être privilégiés

De ce point de vue, les possibilités offertes par les messageries électroniques et l'Intranet permettent une instantanéité des communications. La mise en place d'un numéro vert interne permet aux salariés de s'informer en permanence sur le déroulement de la crise et ses enjeux internes. Peu adapté en raison de sa lourdeur, le journal interne peut être remplacé par la diffusion de notes flash, voire de simples lettres adressées par mail aux salariés par la direction de l'entreprise.

La communication doit être globale

La communication interne possède ses spécificités, elle nécessite en temps de crise une attention particulière. Pressée par l'urgence externe, la communication tendra naturellement à privilégier les sollicitations médiatiques. Afin de réduire ce décalage, il est parfois souhaitable de désigner un porte-parole interne afin d'organiser la diffusion de l'information à l'intérieur de l'entreprise. Celui-ci aura pour mission d'offrir aux salariés les réponses à leurs attentes. Bien entendu, il ne saurait y avoir de distinction entre les messages internes et externes. Sachant que tout message interne pourrait être relayé à l'externe, il importe de s'assurer d'une parfaite continuité dans le discours de l'entreprise.

De ce fait, les porte-parole externe et interne doivent en permanence s'assurer de la parfaite unicité de leur discours.

La communication doit pouvoir se terminer

La crise est un processus durable qui laissera de nombreuses traces. Si elle ne s'éteint jamais totalement (*cf.* le déroulement des crises, chapitre 1), il convient de marquer symboliquement le franchissement d'une étape nouvelle. Il s'agit de fermer la crise et d'ouvrir le dialogue sur de nouveaux objectifs. La période de crise mobilise toute l'attention interne, il est nécessaire de marquer la sortie de crise pour entraîner les salariés vers de nouveaux enjeux. Le président de l'entreprise peut ainsi adresser un courrier à chaque salarié. Cela marquera une considération et une implication managériale forte, à l'exemple de la lettre adressée par le Président d'EDF de l'époque, F. Roussely, à chaque agent EDF à la suite des tempêtes ayant affecté le réseau électrique.

> Je tiens à vous remercier de l'extraordinaire mobilisation dont vous avez fait preuve, démontrant à la France et à l'Europe ce que signifie l'esprit de service public. Je suis reconnaissant également à vos familles pour leur soutien et pour leur patience durant ces longs jours qui ont affecté leur vie quotidienne. [...] Merci pour votre engagement et votre professionnalisme, ils constituent pour EDF un capital, notre capital, le plus précieux.

Le journal interne pourra ensuite traiter de manière exhaustive le sujet, en indiquant que, si la crise est terminée, elle est aussi le point de départ d'une nouvelle évolution.

Bibliographie

ADICT, *La Communication de crise dans les collectivités,* Encyclopédie de la communication territoriale, vol. 2, 3ᵉ trim., 1998.

BARTON L., *Crisis in Organization*, South Western College, 2001.

BEAUDOIN J.-P, *Être à l'écoute du risque d'opinion*, Éditions d'Organisation, 2001.

BLAND M., *Communicating out of a Crisis*, Mac Millan Press, 1998.

FOURNET M., MARTIN J.-L., *La Crise : risque ou chance pour la communication ?*, L'Harmattan, 1999.

GABAY M., *La Nouvelle communication de crise*, Stratégies, 2001.

GUERIN-TALPIN G., *Communication de crise*, Éditions Préventique, 2003.

HEIDERICH D., *Rumeur sur Internet*, Village Mondial, 2004.

LAGADEC P., *État d'urgence*, Seuil, 1988.

LAGADEC P., *La Gestion des crises*, Éditions d'Organisation, 1993.

LAGADEC P., *Ruptures créatrices*, Éditions d'Organisation, 2000.

LEHU J.-M., *Alerte Produit*, Éditions d'Organisation, 1998.

MAISONNEUVE D. (sous la direction de), *Communication en temps de crise*, Presses de l'Université du Québec, 1999.

MALAVAL C., ZARADER R., *La bêtise économique*, Perrin, 2008.

OGRIZEK M., *La Communication de crise*, Que Sais-Je ?, 2ᵉ édition, PUF, 2000.

PIOTET J.-P., *Réputation, le regard des autres*, Éditions Eska, 2004.

REGESTER M., LARKIN J., *Risk issues and crisis Management*, 4ᵉ édition, Kogan Page, 2008.

RENAUDIN H., ALTEMAIRE A., *Gestion de crise, mode d'emploi*, Liaisons, 2007.

REVERET R., MOREAU J.-N., *Les Médias et la communication de crise*, Économica, 1997.

ROSE P., LOINTIER P., *Le Web de crise, de la désinformation à la contre-attaque*, Demos, 2004.

ROUX-DUFORT C., *Gérer et décider en situation de crise*, 2ᵉ édition, Dunod, 2003.

SICARD M.-N., *Entre médias et crises technologiques*, Septentrion, 1998.

TIXIER M., *La Communication de crise*, Mc-Graw Hill, 1991.

TRAN THANH TAM E., *Manager les situations difficiles*, Éditions d'Organisation, 2004.

VELGE B., *L'affaire K(aupting)*, Trends, 2009.

Le site http ://communication-sensible.com publie une bibliographie exhaustive ainsi qu'une liste de cent cinquante sites web liés à la communication de crise.

Index

Les **t⊙pos**

Les **t⟩pos +**

conception
réalisation **pca**
mise en page
44405 Rezé cedex

Du même auteur

La communication corporate (avec Karine Johannes), Dunod, 2010.

La communication interne de l'entreprise (avec Nicole d'Almeida), 6ᵉ édition, Dunod, 2010.

Introduction à la communication, Dunod, 2009.

La communication des associations (avec Jean-Marie Pierlot), Dunod, 2009.

Communicator (avec Marie-Hélène Westphalen), Dunod, 2009.

La communication externe de l'entreprise (avec Marie-Hélène Westphalen), Dunod, 2008.

Communiquer dans un monde incertain, Pearson, 2008.

Le développement durable (avec André-Jean Guérin), Dunod, 2008.

Les tableaux de bord de la communication (avec André de Marco), Dunod, 2008.

Le plan de communication, 3ᵉ édition, Dunod, 2008.

La communication d'entreprise, 2ᵉ édition, Economica, 2005.

Communication : la nouvelle donne, Village Mondial, 2004.

La transparence en trompe-l'œil, Descartes et Cie, 2003.

La communication de proximité. Communication locale, communication de terrain, 2ᵉ édition, Liaisons, 2001.

La Communication Verte, L'écologie au service de l'entreprise, Liaisons, 1992. Médaille 1993 de l'Académie des sciences commerciales.

Site de l'auteur : http://tlibaert.info

Consultez nos parutions sur dunod.com

054944 - (II) - (0.8) - OSB 80° - PCA - AMX

Dépôt légal : septembre 2010, suite du tirage : juillet 2012
Achevé d'imprimer par Dupli-Print
N° d'impression : 205077
www.dupli-print.fr

Imprimé en France